아이가 주인공인 책

아이는 스스로 생각하고 성장합니다.
아이를 존중하고 가능성을 믿을 때
새로운 문제들을 스스로 해결해 나갈 수 있습니다.

〈기적의 학습서〉는 아이가 주인공인 책입니다.
탄탄한 실력을 만드는 체계적인 학습법으로
아이의 공부 자신감을 높여줍니다.

가능성과 꿈을 응원해 주세요.
아이가 주인공인 분위기를 만들어 주고,
작은 노력과 땀방울에 큰 박수를 보내 주세요.
〈기적의 학습서〉가 자녀교육에 힘이 되겠습니다.

안녕, 우리는 비법걸&비법보이야.

디자이너 다츠쌤이 우리를 귀엽게 만들어 주셨고,
이름은 길벗스쿨 기적쌤이 지어주셨지.
아직 그렇게 유명하진 않은데...
너희들이 예뻐라 해 주면 우리도 빵 뜨지 않을까? ^^
우리는 이 책에서 초등 전 학년을 맡고 있지!
이 책으로 너희들이 독해를 잘하려면 우리가 하는 얘기를 잘 들어줘야 해.
우리가 전수하는 비법대로만 따라 하면 독해 그까짓 거 식은 죽 먹기라고~!
같이 해 보자~~!!

초등 문해력, 읽기로 시작한다!

실력편

길벗스쿨

기 적 의 독해력 ⑧권 초등 4학년 실력편

초판 1쇄 발행 2021년 3월 3일
개정 1쇄 발행 2024년 6월 1일

지은이 기적학습연구소
발행인 이종원
발행처 길벗스쿨
출판사 등록일 2006년 6월 16일
주소 서울시 마포구 월드컵로 10길 56(서교동 467-9)
대표 전화 02)332-0931 | **팩스** 02)323-0586
홈페이지 www.gilbutschool.co.kr | **이메일** gilbut@gilbut.co.kr

총괄 신경아(skalion@gilbut.co.kr) | **기획 편집** 박은숙, 유명희, 이은정, 이재숙
제작 이준호, 손일순, 이진혁 | **영업마케팅** 문세연, 박선경, 박다슬 | **웹마케팅** 박달님, 이재윤, 나혜연
영업관리 김명자, 정경화 | **독자지원** 윤정아

표지 디자인 디자인비따 | **본문 디자인** (주)더다츠 | **전산편집** 린 기획
표지 일러스트 이승정 | **본문 일러스트** 김영곤
CTP출력 및 인쇄 교보피앤비 | **제본** 신정문화사

ISBN 979-11-6406-692-6 64710
(길벗스쿨 도서번호 10925)
정가 12,000원

독자의 1초를 아껴주는 정성 길벗출판사

길벗스쿨 | 국어학습서, 수학학습서, 유아콘텐츠유닛, 어학학습서, 어린이교양서, 교과서, 길벗스쿨콘텐츠유닛
길벗 | IT실용서, IT/일반 수험서, IT전문서, 어학단행본, 어학수험서, 경제실용서, 취미실용서, 건강실용서, 자녀교육서
더퀘스트 | 인문교양서, 비즈니스서

『기적의 독해력』을 펼친 여러분께 우선 박수를 보냅니다.

이 책은 여러분의 독해력을 키우기 위해 만든 책이에요. '독해력'이 뭐냐고요? 읽을 독(讀), 이해할 해(解), 힘 력(力) 자를 써서, 글을 읽고 이해하는 능력(힘)을 말해요. 지금처럼 이 글을 읽고 무슨 뜻인지 알겠으면 독해가 되고 있다는 거고요. 이 글을 읽고는 있지만 도통 무슨 말인지 모르겠으면 독해가 잘 안되고 있다고 할 수 있죠.

우리는 살면서 많은 글을 읽어요. 그림책, 동화책, 교과서, 하다못해 과자 봉지에 있는 글까지. 그런데 이렇게 많은 글을 읽어도 이해하지 못한다면 얼마나 답답할까요? 글을 읽고 이해가 되어야 깨닫게 되고, 몰랐던 것을 알게 되고, 또 이어질 여러 가지 문제를 해결할 수도 있는데 말이죠.

그래서 '독해'는 모든 공부의 시작이고, '독해력'은 우리가 가져야 할 제일 중요한 능력 중의 하나이지요.

여러분이 펼친『기적의 독해력』시리즈는 여러분이 초등 공부를 시작할 때부터 완성할 때까지 함께할 비법서랍니다. 예비 초등학생을 위한 한 문장 독해부터 중학교 입학을 앞둔 6학년을 위한 복합적인 글 독해까지, 기본을 세우고 실력을 다질 수 있는 다양한 유형의 독해 글감과 핵심을 파고드는 문제들을 담고 있어요.

혹시 "글 속에 답이 있다!", "문제에 답이 있다!"라는 말을 들어 보았나요?
『기적의 독해력』시리즈로 공부하면 여러분은 분명 그 해답을 쉽게 깨치게 됩니다.

잠깐, 쉽다고 대충 하지는 말아요! 글을 꼼꼼히 읽고 내가 잘 읽었는지 찬찬히 떠올리면서 문제까지 수월하게 해결해 나가는 게 가장 핵심이 되는 독해 비법이랍니다. 가끔 문제는 틀려도 돼요. 틀리면서 배우는 게 훨씬 많으니까요!
자, 머뭇거리지 말고 한번 시작해 보세요.

2021년 2월
기적학습연구소 국어팀 일동

독해력, 그것이 알고 싶다!

Q 독해력을 기르려면 무엇부터 해야 할까요?

A 다양한 글을 읽어야지요. 독해력은 하루아침에 길러지는 역량이 아닙니다. 하루에 한 편씩 짧은 글이라도 읽는 습관을 만들어 주는 것이 중요합니다. 또 자신이 읽은 글의 내용을 정리해 본다거나 한 문장으로 요약해 보는 습관을 기른다면 아주 효과적인 독해력 상승을 기대할 수 있습니다. 이 대목에서 '책 읽기'는 두말하면 입 아프겠지요? ^^;

Q 초등 입학 전에 독해 공부가 필요할까요?

A 초등학교에 입학해서 처음 보는 교과서는 기존에 봤던 그림책과는 구조와 수준이 달라서 급격하게 어려움을 느낄 수도 있습니다. 특히 문제 풀이에 어려움을 겪을 수 있으니 간단하고 짧은 글을 읽고, 내용을 이해했는지 가볍게 훑어보며 문제를 푸는 연습을 하면 초등 공부에 큰 도움이 될 것입니다.

Q 읽기는 하는데, 문제를 이해하지 못하는 것 같아요.

A 읽으면 바로 이해할 수 있는 쉬운 문제들도 있지만, 국어 개념이 바탕이 되어야 풀 수 있거나 보기를 읽고 두 번 세 번 확인해 봐야 답을 찾을 수 있는 독해 문제들도 많습니다. 문제를 이해하지 못한다는 것은 1차적으로는 그 문제를 출제한 의도를 파악하지 못하고 있다는 거고요. 그다음엔 어떻게 답을 찾아야 할지 방법을 모르고 있다는 것입니다. 독해도 일종의 기술이 필요한 공부거든요. 무턱대고 읽고 푼다고 해서 독해력이 생기는 것은 아닙니다. 글을 읽는 방법, 문제를 푸는 방법을 알고 있어야 보다 효과적으로 독해의 산을 넘을 수 있습니다.

Q 어휘력도 중요한 거 같은데, 어떻게 길러야 할까요?

A 어휘력은 독해력을 키우는 무기와 같습니다. 글을 잘 읽다가도 낯선 어휘에서 멈칫하거나 그 뜻을 파악하지 못해서 독해가 안되는 경우가 많거든요. 어휘력 역시 단번에 키우긴 어렵습니다. 그래서 독해 훈련을 통해 어휘력을 키우는 방법을 추천합니다. 글을 읽을 때 낯선 어휘를 만나면 문맥의 의미를 파악하는 연습을 꾸준히 하는 거죠. 그래도 모르는 낱말은 그냥 넘어가지 말고 국어사전을 찾아보는 습관을 들이세요.

Q 시중에 나와 있는 독해력 교재가 너무 많더라고요. 어떤 게 좋은 거죠?

A 단연 『기적의 독해력』을 꼽고 싶습니다만, 시중에 나와 있는 독해력 교재들이 모두 훌륭하더군요. 일단은 아이의 수준에 맞게 선택하는 게 가장 현명할 것입니다. 방법을 잘 몰라서 문제 풀이에 어려움을 겪는 친구들은 독해의 기본기를 다룬 쉬운 교재를, 어느 정도 독해가 가능한 친구들은 다양한 문제를 풀어 볼 수 있는 실전 교재를 선택해 보는 것이 좋습니다. (마침 『기적의 독해력』이 딱 그런 구성을 갖추고 있습니다.)

Q 『기적의 독해력』은 어떻게 바뀌었나요?

A 예비 초등(0학년)을 시작으로 6학년까지 학년별로 2권씩 구성되어 있습니다. 단계와 난이도가 종전보다 세분화되었는데요. 특히 독해 문제 풀이에 어려움을 겪는 친구들을 위해 독해 비법을 강화하여 독해의 기본기를 다진 후에 실전 문제로 실력을 완성시킬 수 있도록 구조화하였습니다.

기본편   **실력편**

기본편 은 독해의 시작이라 할 수 있는 기본서입니다. 학년별로 16가지의 독해 비법을 담고 있지요. 글의 종류에 따라 읽는 방법과 필수 유형 문제를 효과적으로 푸는 방법을 친절하게 안내하고 있어요.

실력편 은 독해의 완성이라 할 수 있는 실력서입니다. 교과 과정에 맞춘 실전 문제와 최상위 독해로 구성하여 앞서 배운 비법을 그대로 적용하면서 실력을 키울 수 있습니다.

Q 그럼 두 권을 같이 보나요?

A 독해 문제가 익숙하지 않은 친구는 **기본편** 으로 독해의 기초를 탄탄하게 쌓으면 되고요. 독해 문제가 익숙한 친구는 **실력편** 으로 단계를 올려서 실전에 대비하는 것도 필요합니다. 1학기는 **기본편** 으로, 2학기는 **실력편** 으로 촘촘하게 독해력을 키워 보는 것은 어떨까요?

Q **실력편** 의 최상위 독해는 어떤 독해인가요?

A 최상위 독해는 복합 지문과 통합형 문제로 구성된 특별 코너입니다. 일반적인 독해가 단편적인 하나의 글을 읽고, 기본적인 문제를 풀어 가는 것이라면 **실력편** 5일 차에 수록된 복합 지문은 두 가지 이상의 글을 읽고 문제를 해결해야 하는 난이도가 높은 독해입니다. 같은 주제를 다루고 있는 두 편의 글이나 소재는 다르지만 종류는 같은 두 편의 글을 읽고, 통합 사고력 문제를 해결해야 해서 기존의 독해 문제보다는 조금 어려울 수 있습니다.

쉬운 글과 기본 문제만으로는 실력을 키우기 어렵지요. 자신의 수준보다 약간 어려운 문제도 해결하면서 실력을 월등하게 키워 나가길 바랍니다.

Q 『기적의 독서 논술』과는 어떤 차이가 있나요?

A 독해력이 모든 공부의 시작이라면, 독서 논술은 모든 공부의 완성이라 할 수 있습니다. 독해력이 단편적인 글을 읽고 이해하며 적용해 가는 훈련이라면, 독서 논술은 한 편의 긴 글을 읽고, 자신의 생각을 정리해서 표현해 보는 훈련 과정을 거치기 때문에 두 시리즈 모두 국어 실력 향상에는 꼭 필요한 교재랍니다. 한 학년에 독해력 2권, 독서 논술 2권이면 기본과 실력을 모두 갖추게 될 것입니다.

01

하루 4쪽
DAY 학습

02

실전 독해

문학

비문학

어휘력 강화

03

최상위 독해

복합
지문

통합
사고력
문제

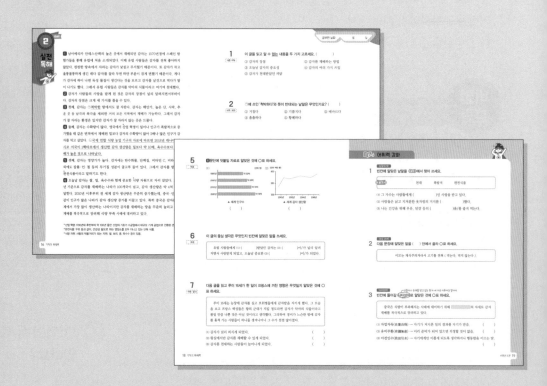

🛡 실전 독해

기본편 에서 훈련한 방법을 총망라한 실전 문제집입니다.
하루 4쪽씩 꾸준히 연습하세요.
앞서 배운 비법을 그대로 적용하면서 독해 실력을 쌓아 갑니다.

📖 어휘력 강화

독해에서 어휘는 독해 시간을 단축시키는 열쇠와 같은 역할을 합니다.
지문에서 뽑아낸 주요 어휘의 뜻과 활용, 내용과 밀접한 속담과 사자성어,
관용어까지 다양하게 어휘의 폭을 늘려 갑니다.

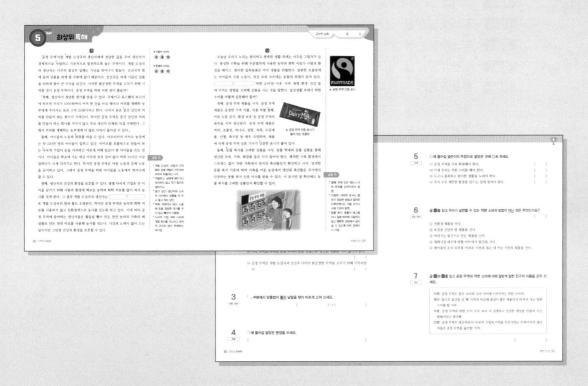

⭐ 최상위 독해

● 지문의 난이도   ● 문제의 난이도

상 중 하   상 중 하

각 주 5일 차는 최상위 독해로, 글의 수준과 문제의 수준이 높습니다.
그동안 쌓았던 실력을 점검해 보세요.
긴 글, 주제나 소재가 얽힌 복합 지문, 통합 사고력 문제를 통해 독해
력을 한 단계 끌어올립니다.

가로 세로 낱말 퀴즈

한 주 동안 학습한 어휘를 확인할 수 있도록 재미있는 퀴즈로
구성하였습니다.

차례

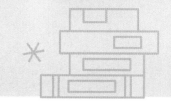

출처

글

108쪽 「출동, 4학년 1반 추리 특공대」 | 왕입분 | 2021년

＊그 외 작품은 한국문학예술저작권협회, 한국문예학술저작권협회의 동의를 얻어 책에 실었습니다.

이미지

29쪽 공정 무역 인증 표시 | 국제 공정 무역 기구 한국 사무소
77쪽 초충도 | 국립중앙박물관
90쪽 앉아서 일하는 건 마찬가지입니다 | 한국방송광고진흥공사 | 2003년
125쪽 성덕대왕신종, 비천상(천인상) | 국립경주박물관

＊위에 제시되지 않은 이미지는 사용료를 지불하고 셔터스톡 코리아에서 대여했음을 밝힙니다.

＊길벗스쿨은 이 책에 실린 모든 글과 이미지의 출처를 찾기 위해 최선의 노력을 기울였습니다.
　저작권자를 찾지 못해 허락을 받지 못한 글과 이미지는 저작권자가 확인되는 대로 통상의 사용료를 지불하겠습니다.

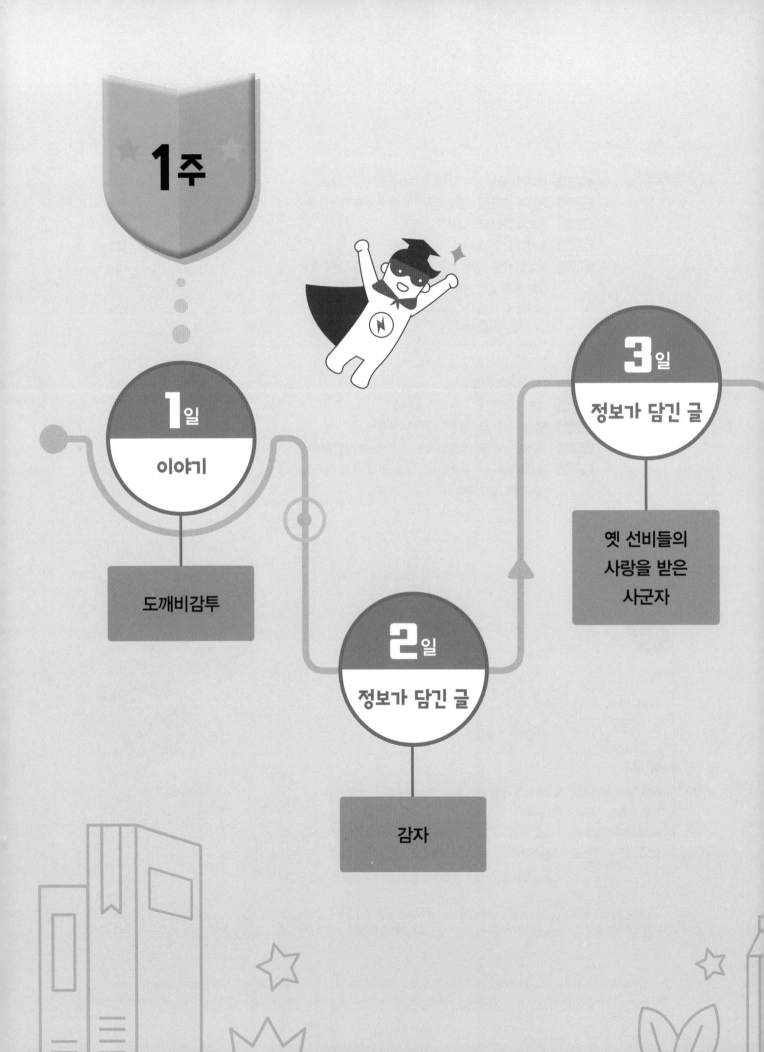

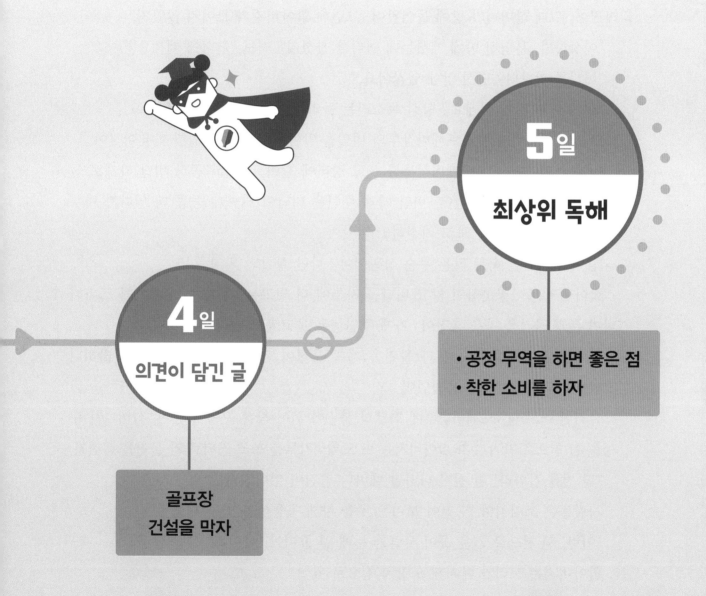

5일

최상위 독해

- 공정 무역을 하면 좋은 점
- 착한 소비를 하자

4일

의견이 담긴 글

골프장
건설을 막자

옛날 어느 마을에 ㉠갓장이 할아버지가 살았어. 할아버지는 갓을 만들거나 고쳐 팔아서 겨우 *입에 풀칠했지. 그런데 점점 갓이 팔리지 않자 할아버지는 걱정이 되었어. 어느 날 밤, 할아버지의 *신세타령하는 소리를 듣고 도깨비가 나타났어.

"내가 부자로 만들어 줄게. 자, 이 도깨비감투를 써 봐."

할아버지는 도깨비감투를 받아 머리에 썼어. 그러자 도깨비는 온데간데없이 사라졌어. 그때 할머니가 방에 들어왔어. 그런데 할아버지가 보이지 않았지.

"이상하다. 분명히 방에 계셨는데 어디를 가셨지? 여보, 어디에 계세요?"

"어디를 가다니? 당신 앞에 있잖아요."

"이게 어찌 된 일이에요? 당신 목소리는 들리는데 모습이 보이지 않아요."

그제야 할아버지는 ㉡도깨비감투의 비밀을 알아채고 입이 귀밑까지 찢어졌어.

이튿날 할아버지는 도깨비감투를 쓰고 장터에 갔어. 그리고 곧장 비단 가게로 들어가 비단을 자루에 넣었어. 비단 가게 주인은 비단이 허공에 둥둥 떠 있다가 자루 속에 들어가는 모습을 보고 기절하고 말았어.

'남이야 기절을 하든 말든 무슨 상관이야? 나만 잘살면 되지.'

할아버지는 아랑곳하지 않고 비단을 자루에 더 넣고는 이 가게 저 가게를 돌아다니며 돈과 물건을 마구 훔쳤어. 가게 주인들은 울고불고 난리가 났지.

할아버지는 며칠 동안 돈과 물건을 계속 훔쳤어. 할머니가 *꼬리가 길면 밟히니 그만두라고 사정해도 소용없었어.

그러던 어느 날, 도깨비감투에 화로의 불똥이 튀어 작은 구멍이 났어. 할머니가 구멍을 흰 천으로 기워 주자 할아버지는 또 도깨비감투를 쓰고 장터로 가 물건을 훔쳤지.

"흰 천을 잡아라! 흰 천이 나타날 때마다 물건이 없어진다!"

사람들은 소리치며 흰 천이 보이는 곳을 향해 몽둥이를 마구 휘둘렀어.

"이런, 흰 천으로 기운 곳이 사람들 눈에 띌 줄이야. 아이고, 사람 살려!"

할아버지는 *꼬리가 빠지게 도망쳐 집으로 왔어.

＊입에 풀칠하다: 근근이 살아가다.

＊신세타령하는: 자신의 불행한 신세를 넋두리하듯이 늘어놓는.

＊꼬리가 길면 밟힌다: 나쁜 일을 아무리 남모르게 한다고 해도 오래 두고 여러 번 계속하면 결국에는 들키고 만다는 것을 비유적으로 이르는 말.

＊꼬리가 빠지게: 몹시 빨리 도망치거나 달아나는 모습을 비유적으로 이르는 말.

1

주제

이 글의 중요한 글감은 무엇인가요? (   )

① 비단   ② 장터   ③ 흰 천

④ 도깨비   ⑤ 도깨비감투

2

어휘·표현

㉠처럼 '–장이'가 알맞게 붙은 낱말을 두 가지 찾아 ○표 하세요.

| 멋장이 | 고집장이 | 대장장이 |
| 욕심장이 | 옹기장이 | 거짓말장이 |

3

추론

㉡의 내용으로 알맞은 것은 무엇인가요? (   )

① 도깨비감투를 쉽게 구할 수 있다는 것

② 도깨비감투에 구멍이 나면 안 된다는 것

③ 도깨비감투를 쓰면 목소리가 변한다는 것

④ 도깨비가 신세타령하는 사람에게 도깨비감투를 준다는 것

⑤ 도깨비감투를 쓰면 자기 몸이 다른 사람 눈에 보이지 않는다는 것

4

내용 이해

이 글에서 일어난 사건이 <u>아닌</u> 것은 무엇인가요? (   )

① 도깨비가 나타나 할아버지에게 도깨비감투를 주었다.

② 할머니가 도깨비감투의 구멍을 흰 천으로 기워 주었다.

③ 사람들이 흰 천이 보이는 곳을 향해 몽둥이를 휘둘렀다.

④ 할머니가 할아버지에게 더 많은 돈과 물건을 훔쳐 오라고 했다.

⑤ 할아버지는 도깨비감투를 쓰고 비단 가게로 들어가 비단을 자루에 넣었다.

5 추론 이 글에 나타난 할아버지의 성격으로 알맞은 것을 두 가지 고르세요. (   )

① 소심하다.   ② 청렴하다.

③ 이기적이다.   ④ 변덕스럽다.

⑤ 욕심이 많다.

6 감상 이 글에 나오는 할아버지에게 하고 싶은 말을 알맞게 말하지 <u>못한</u> 친구를 찾아 ×표 하세요.

(1) 그동안 훔친 돈과 물건을 모두 돌려주고 잘못했다고 용서를 비셨으면 좋겠어요.

(   )

(2) 가난하게 살더라도 남의 것을 탐내지 않고 마음 편히 사는 것이 행복하다고 생각해요.

(   )

(3) 갓을 만들고 고치는 일이 지겹고 힘들다고 해서 최선을 다하지 않고 대충 하는 것은 옳지 않아요.

(   )

7 적용·창의 이 글 다음에 이어질 내용으로 알맞은 것의 기호를 쓰세요.

> ㉮ 할아버지는 도깨비감투가 쓸모없게 되었다고 한탄하며 도깨비감투를 태워 버렸다.
> ㉯ 마을 사람들은 할아버지가 고마워 밤마다 할아버지의 집 앞에 돈과 물건을 놓고 갔다.
> ㉰ 할아버지는 도깨비감투에 더 큰 구멍을 내고 흰 천으로 기운 뒤 장터로 가서 돈과 물건을 훔쳤다.

(   )

어휘력 강화

낱말의 뜻

1 빈칸에 알맞은 낱말을 ◦보기◦에서 찾아 쓰세요.

> ◦보기◦　　　신세타령　　　아랑곳하지　　　온데간데없이

(1) 서랍에 넣어 둔 편지가 (　　　　　　　) 사라졌다.

(2) 엄마의 잔소리에도 (　　　　　　　) 않고 게임을 계속 했다.

(3) 손님을 붙잡고 (　　　　　　　)하던 노인은 서글펐는지 눈물을 흘렸다.

합성어

2 빈칸에 공통으로 들어갈 알맞은 낱말은 무엇인가요? (　　　)

> • 전쟁▢ : 싸움을 치르는 장소.
> • 놀이▢ : 주로 아이들이 놀이를 하는 곳.
> • 장▢ : 많은 사람들이 모여 물건을 사고파는 장이 서는 곳.

① 감　　　　　　　② 솜　　　　　　　③ 알
④ 잠　　　　　　　⑤ 터

관용어 · 속담　　┌→ 둘 이상의 낱말이 어울려 원래의 뜻과는 전혀 다른 새로운 뜻으로 굳어져서 쓰이는 표현을 말해.

3 다음 문장에 알맞은 관용어나 속담을 (　　) 안에서 골라 ○표 하세요.

(1) 그는 월급으로는 (입에 풀칠하기도, 입에 거미줄 치기도) 어렵다며 주말에 아르바이트를 했다.

(2) (꼬리가 빠지게, 꼬리가 길면 밟힌다고) 끊임없이 거짓 소문을 내서 형을 괴롭히던 사람이 누구인지 밝혀졌다.

1 남아메리카 안데스산맥의 높은 곳에서 재배되던 감자는 1570년경에 스페인 탐험가들을 통해 유럽에 처음 소개되었다. 이때 유럽 사람들은 감자를 전혀 좋아하지 않았다. 컴컴한 땅속에서 자라는 감자가 낯설고 무서웠기 때문이다. 또 감자가 작고 울퉁불퉁하게 생긴 데다 감자를 잘라 두면 하얀 부분이 검게 변했기 때문이다. 게다가 감자에 싹이 나면 독성 물질이 생긴다는 것을 모르고 감자를 날것으로 먹다가 탈이 나기도 했다. 그래서 유럽 사람들은 감자를 악마의 식물이라고 여기며 천대했다.

2 감자가 사람들의 사랑을 받게 된 것은 감자의 장점이 널리 알려지면서부터이다. 감자의 장점은 크게 세 가지를 꼽을 수 있다.

3 첫째, 감자는 ㉠척박한 땅에서도 잘 자란다. 감자는 해안가, 높은 산, 사막, 추운 곳 등 남극과 북극을 제외한 거의 모든 지역에서 재배가 가능하다. 그래서 감자가 잘 자라는 환경은 있지만 감자가 잘 자라지 않는 곳은 드물다.

4 둘째, 감자는 수확량이 많다. 영국에서 *산업 혁명이 일어나 인구가 폭발적으로 증가했을 때 같은 면적에서 재배된 밀보다 감자의 수확량이 많아 2배나 많은 인구가 감자를 먹고 살았다. ㉡국제 연합 식량 농업 기구의 자료에 따르면 2018년 캐나다·멕시코·미국이 1헥타르에서 생산한 감자 생산량은 밀보다 약 10배, 옥수수보다 약 5배가 높은 것으로 나타났다.

5 셋째, 감자는 영양가가 높다. 감자에는 탄수화물, 단백질, 비타민 C, 비타민 B 외에도 칼륨·인·철 등의 무기질 성분이 골고루 들어 있다. 그래서 감자를 땅속의 *완전식품이라고 말하기도 한다.

6 오늘날 감자는 쌀, 밀, 옥수수와 함께 중요한 *식량 자원으로 자리 잡았다. 2017년 기준으로 감자를 재배하는 나라가 100개국이 넘고, 감자 생산량은 약 4억 톤에 달한다. 2010년 이후부터 전 세계 감자 생산량은 꾸준히 증가했는데, 중국·인도와 같이 인구가 많은 나라가 감자 생산량 증가를 이끌고 있다. 특히 중국은 감자를 세계에서 가장 많이 생산하는 나라이지만 감자를 재배하는 땅을 꾸준히 늘리고 감자 재배를 적극적으로 장려해 식량 부족 사태에 대비하고 있다.

* 산업 혁명: 1700년대 후반부터 약 100년 동안 산업의 기초가 수공업에서 대규모 기계 공업으로 전환된 큰 변화.
* 완전식품: 우유 등과 같이, 건강상 필요로 하는 영양소를 모두 지니고 있는 단독 식품.
* 식량 자원: 사람의 먹을거리가 되는 자원. 쌀, 보리, 콩, 옥수수 등이 있음.

1 이 글을 읽고 알 수 <u>없는</u> 내용을 두 가지 고르세요. (　　　　)

내용 이해

① 감자의 장점　　　　　　　② 감자를 재배하는 방법

③ 오늘날 감자의 중요성　　　④ 감자의 여러 가지 쓰임

⑤ 감자가 천대받았던 까닭

2 ㉠에 쓰인 '척박하다'와 뜻이 반대되는 낱말은 무엇인가요? (　　　　)

어휘·표현

① 거칠다　　　　　② 기름지다　　　　　③ 메마르다

④ 촘촘하다　　　　⑤ 황폐하다

3 ㉡이 믿을 만한 내용인지 알맞게 판단한 친구의 이름을 쓰세요.

비판

> 문선: 아주 오래된 자료라서 믿음이 가지 않아.
>
> 윤아: 자료의 출처가 분명하고 신뢰할 만한 기관이므로 믿을 수 있어.
>
> 규진: 과거의 자료를 바탕으로 글쓴이가 추측한 것이어서 믿을 수 없어.

(　　　　　　　　　)

4 ❷~❺문단의 짜임에 대해 알맞게 말한 것에 ○표 하세요.

짜임

(1) 시간의 순서에 따라 차례대로 썼다. (　　　)

(2) 두 대상의 공통점과 차이점을 썼다. (　　　)

(3) 하나의 주제에 대하여 몇 가지 특징을 늘어놓았다. (　　　)

5

추론

⑥문단에 덧붙일 자료로 알맞은 것에 ○표 하세요.

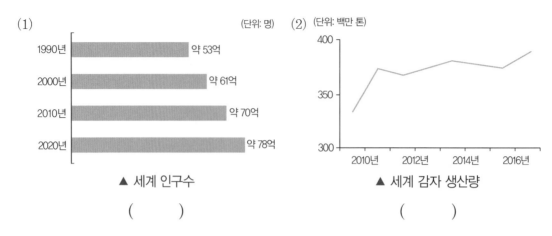

(1)   (단위: 명)

1990년	약 53억
2000년	약 61억
2010년	약 70억
2020년	약 78억

▲ 세계 인구수

(   )

(2) (단위: 백만 톤)

▲ 세계 감자 생산량

(   )

6

주제

이 글의 중심 생각은 무엇인지 빈칸에 알맞은 말을 쓰세요.

> 유럽 사람들에게 (1) (   )받았던 감자는 (2) (   )이/가 널리 알려
> 지면서 사랑받게 되었고, 오늘날 중요한 (3) (   )이/가 되었다.

7

적용·창의

다음 글을 읽고 루이 16세가 한 일이 프랑스에 끼친 영향은 무엇일지 알맞은 것에 ○
표 하세요.

> 루이 16세는 농장에 감자를 심고 호위병들에게 감자밭을 지키게 했다. 그 모습
> 을 보고 프랑스 백성들은 왕의 군대가 지킬 정도라면 감자가 악마의 식물이라고
> 불릴 만큼 나쁜 것은 아닐 것이라고 생각했다. 그리하여 경비가 느슨한 밤에 감자
> 를 훔쳐 가는 사람들이 하나둘 생겨나더니 그 수가 점점 많아졌다.

(1) 감자가 널리 퍼지게 되었다.   (   )

(2) 왕실에서만 감자를 재배할 수 있게 되었다.   (   )

(3) 감자를 천대하는 사람들이 늘어나게 되었다.   (   )

어휘력 강화

낱말의 뜻

1 빈칸에 알맞은 낱말을 ◦보기◦ 에서 찾아 쓰세요.

> ◦보기◦   천대   폭발적   완전식품

(1) 그 가수는 사람들에게 (   )인 사랑을 받고 있다.

(2) 사람들은 낡고 지저분한 옷차림의 거지를 (   )했다.

(3) 나는 건강을 위해 우유, 달걀 등의 (   )을/를 즐겨 먹는다.

호응 관계

2 다음 문장에 알맞은 말을 (   ) 안에서 골라 ○표 하세요.

> 이모는 채식주의자라서 고기를 전혀 (먹는다, 먹지 않는다).

사자성어

↗ 교훈이나 유래를 담고 있는 한자 네 자로 이루어진 말이야.

3 빈칸에 들어갈 사자성어로 알맞은 것에 ○표 하세요.

> 중국은 식량이 부족해지는 사태에 대비하기 위해   의 자세로 감자 재배를 적극적으로 장려하고 있다.

(1) 자업자득(自業自得) → 자기가 저지른 일의 결과를 자기가 받음.   (   )

(2) 유비무환(有備無患) → 미리 준비가 되어 있으면 걱정할 것이 없음.   (   )

(3) 아전인수(我田引水) → 자기에게만 이롭게 되도록 생각하거나 행동함을 이르는 말.

                                                      (   )

매화는 눈이 채 녹지 않은 이른 봄에 꽃을 피웁니다. 추위를 이겨 내고 가장 먼저 꽃을 피우는 식물이지요. 이러한 매화의 습성은 불의에 굴복하지 않는 군자의 *지조와 *절개를 나타냅니다.

난초는 깊은 산속에 홀로 살며 꽃을 피우고 은은한 향기를 멀리까지 퍼뜨립니다. 이러한 난초에는 남이 알아주지 않아도 꿋꿋하게 자신의 도리를 다하는 군자의 모습이 담겨 있습니다. 한편 난초는 중국의 시인이 나라를 걱정하는 마음을 노래한 시의 소재로 사용하면서 충성심을 나타내기도 합니다. ㉠

㉮

국화는 찬 서리를 맞으며 늦게까지 꽃을 피웁니다. 꽃들이 앞다투어 피는 봄과 여름이 지난 뒤에야 꽃을 피우는 국화는 추위에도 아랑곳하지 않고 꿋꿋하게 꽃을 지켜 냅니다. 이러한 국화는 군자의 높은 *기품과 절개를 나타냅니다.

대나무는 겨울에도 푸른 잎을 그대로 간직하고, 줄기는 곧게 자라 휘어질지언정 쉽게 부러지지 않습니다. 이러한 대나무는 늘 변함없고 강직하며 절개가 굳은 군자의 모습을 나타냅니다.

㉯

세상에는 수많은 식물이 있습니다. 그중 매화, 난초, 국화, 대나무는 옛 선비들이 특별히 사랑했던 식물들입니다. 이 네 가지 식물은 *덕과 학식이 높은 사람, 즉 군자와 닮았다 하여 '사군자'라고 불립니다. 네 가지 식물이 가진 독특한 특성을 군자와 관련시켜 높이 평가하는 것이지요. 사군자를 '매란국죽'이라고도 하는데, 매는 매화, 란은 난초, 국은 국화, 죽은 대나무를 뜻합니다. ㉡ 옛 선비들의 사랑을 듬뿍 받은 사군자의 특성은 무엇일까요? 또 사군자에는 어떤 의미가 담겨 있을까요?

㉰

이와 같이 사군자에는 지조, 절개, 충성심 등 옛 선비들이 중요하게 여기던 덕목이 담겨 있습니다. 그래서 옛 선비들은 시와 그림의 소재로 사군자를 즐겨 사용했습니다. ㉢ 또 사군자를 늘 가까이 두고 그 의미를 되새기며 마음가짐을 새롭게 했습니다. 여러분도 옛 선비들처럼 식물의 겉모습만 보지 말고 식물의 특성에서 본받을 만한 점을 찾아 실천해 보세요.

---

* 지조: 원칙이나 신념을 지키려는 의지.
* 절개: 신념, 신의 따위를 굽히지 아니하고 굳게 지키는 꿋꿋한 태도.
* 기품: 어떤 사람이나 사물에서 드러나는 격이 높고 훌륭한 분위기.
* 덕: 남을 이해하고 받아들이는 너그럽고 도덕적인 인격.

1
주제

이 글에서 설명하는 대상은 무엇인지 세 글자로 쓰세요.

(　　　　　　　　　)

2
짜임

설명하는 글의 짜임에 알맞게 ㉮~㉲의 순서를 바로잡은 것은 무엇인가요? (　　　)

① ㉮ → ㉲ → ㉯　　　　　　② ㉯ → ㉮ → ㉲

③ ㉯ → ㉲ → ㉮　　　　　　④ ㉲ → ㉮ → ㉯

⑤ ㉲ → ㉯ → ㉮

3
내용 이해

이 글에 나타난 사군자에 담긴 덕목이 <u>아닌</u> 것을 두 가지 고르세요. (　　　　)

① 효　　　　　　② 절개　　　　　　③ 절약

④ 지조　　　　　⑤ 충성심

4
어휘·표현

다음 중 나머지 네 개의 낱말을 모두 포함하는 낱말을 찾아 ○표 하세요.

| 국화 | 난초 | 매화 | 식물 | 대나무 |

5

추론

다음은 ㉠~㉢ 중 어느 부분에 들어갈 뒷받침 문장으로 알맞은지 기호를 쓰세요.

> 사군자가 매란국죽의 순서를 가지게 된 것은 사계절의 순서에 맞추었기 때문입니다. 즉 매화는 봄, 난초는 여름, 국화는 가을, 대나무는 겨울을 상징합니다.

(   )

6

비판

이 글을 읽고 자신의 생각을 알맞게 말하지 <u>못한</u> 친구의 이름을 쓰세요.

> 경윤: 옛 선비들은 식물을 그냥 보는 것에 그치지 않고 그 식물이 가진 장점을 찾아 특별한 의미를 두었어.
>
> 동재: 시대에 따라 사군자를 이루는 네 가지 식물의 종류가 달라졌던 것을 통해 역사적 상황을 짐작할 수 있어.
>
> 소훈: 사군자는 옛 선비들에게 가르침을 주는 대상이었고, 옛 선비들은 사군자를 자신의 뜻을 전하는 도구로 사용했어.

(   )

7

적용·창의

이 글과 관련해 더 알아볼 내용으로 알맞은 것을 두 가지 고르세요. (   )

① 봄과 여름에 피는 꽃의 특징

② 각 나라를 대표하는 꽃이나 나무

③ 사군자처럼 옛 선비들이 사랑했던 식물

④ 위기에 빠진 나라를 구하기 위해 애쓴 인물

⑤ 사군자를 소재로 사용한 문학 작품이나 미술 작품

어휘력 강화

낱말의 뜻

1 다음 문장에 알맞은 낱말을 ( ) 안에서 골라 ○표 하세요.

⑴ 한 임금만을 섬기겠다는 그의 (학식, 절개)은/는 굳었다.

⑵ 청년의 당당하고 예의 바른 태도에는 (기품, 탐욕)이 넘쳤다.

⑶ 방 안에서 (요란한, 은은한) 국화 향기가 나서 기분이 좋았다.

파생어

2 빈칸에 공통으로 들어갈 알맞은 말은 무엇인가요? ( )

> • 아름다운 우리 전통을 ▨살리자.
> • 노인은 파란만장했던 자신의 인생을 ▨돌아보았다.
> • 옛 선비들은 사군자를 늘 가까이 두고 그 의미를 ▨새겼다.

① 휘   ② 치   ③ 짓

④ 새   ⑤ 되

관용어

3 밑줄 친 부분과 바꾸어 쓸 수 있는 관용어는 무엇인가요? ( )

> 매화는 불의에 <u>굴복하지</u> 않는 군자의 지조와 절개를 나타냅니다.

① 발을 끊지   ② 얼굴을 들지

③ 무릎을 꿇지   ④ 바닥을 비우지

⑤ 눈을 똑바로 뜨지

1 우리나라는 전 세계에서 여덟 번째로 골프장이 많은 나라이다. 지난 10여 년 동안 골프장이 *우후죽순으로 생겨나 현재 우리나라의 골프장 개수는 500개가 넘는다. 그럼에도 불구하고 골프장 건설이 끊임없이 추진되고 있다. 마구잡이로 골프장을 건설하는 일을 막아야 한다. 그 까닭은 다음과 같다.

2 첫째, 산림이 파괴되고 숲의 기능이 사라진다. 우리나라는 국토의 약 70%가 산지여서 골프장을 만들려면 대규모로 산을 깎고 숲을 밀어 버려야 한다. 한 보고서에 따르면 18*홀 골프장을 만들면 보통 축구장 140개에 해당하는 산림 면적과 10만 그루의 나무가 사라진다고 한다. 산림의 파괴는 또 다른 피해를 ㉠낳는다. 숲은 많은 비를 흡수해 땅에 저장했다가 지하수로 서서히 내보내고, 대기 중의 오염 물질을 흡수해 공기를 정화시키며, 수많은 생물의 터전이 되어 준다. 그런데 산림이 파괴되면 이러한 숲의 기능도 사라져 (㉡)

3 둘째, 농약으로 인한 피해가 크다. 골프장의 잔디는 우리나라 기후와 땅에 적합하지 않다. 그래서 골프장에서는 잔디가 잘 자라게 하려고 엄청난 양의 비료와 농약을 지속적으로 뿌린다. 특히 농약은 농사에 사용되는 양보다 6~8배나 많이 사용된다. 이렇게 잔디에 뿌려진 농약은 빗물에 씻겨 내려가 하천과 지하수, 토양을 오염시켜 사람과 동식물에게 피해를 준다. 물고기가 떼죽음을 당하고 식수가 오염되어 사람들의 건강을 위협한다. 또 골프장 인근에서는 *유기농으로 농사를 짓는 것이 힘들어진다.

4 셋째, 지하수가 고갈될 수 있다. 골프장에 심은 잔디 상태를 유지하려면 많은 양의 물을 자주 뿌려 주어야 한다. 왜냐하면 골프장의 잔디는 흙을 모두 파낸 다음 모래와 인공 흙을 채운 뒤에 심는데, 모래와 인공 흙은 빗물을 저장하지 못하기 때문이다. 골프장 한 곳에서 하루에 사용하는 지하수의 양은 약 1000톤으로, 이는 우리나라 4인 가족으로 이루어진 30가구가 한 달 정도 사용할 수 있는 양이다. 이렇게 많은 양의 지하수를 골프장에서 사용함으로써 골프장 인근 지역은 식수 부족에 시달릴 뿐만 아니라 농업용수가 부족해져 농사에 막대한 지장이 생긴다.

*우후죽순: 비가 온 뒤에 여기저기 솟는 죽순이라는 뜻으로, 어떤 일이 한때에 많이 생겨남을 비유적으로 이르는 말.
*홀: 골프에서, 공을 넣는 그린 위에 설치한 구멍.
*유기농: 화학 비료나 농약을 쓰지 않고 생물의 작용으로 만들어진 것만을 사용하는 방식의 농업.

1

짜임

주장하는 글의 짜임상 본론에 해당하는 문단의 번호를 모두 쓰세요.

(   )

2

어휘·표현

밑줄 친 낱말이 ㉠과 같은 뜻으로 쓰인 것에 ○표 하세요.

(1) 우리 집 소가 송아지를 낳았다.   (   )

(2) 좋은 결과를 낳아서 보람을 느꼈다.   (   )

(3) 그는 우리나라가 낳은 천재적인 음악가이다.   (   )

3

추론

㉡에 들어갈 내용으로 알맞지 <u>않은</u> 것을 두 가지 고르세요. (   )

① 가뭄을 해결할 수 있다.

② 공기 오염이 심해질 수 있다.

③ 각종 소음이 줄어들 수 있다.

④ 멸종하는 생물이 생길 수 있다.

⑤ 장마 때 산사태가 일어날 수 있다.

4

내용 이해

다음 사실 때문에 일어날 수 있는, 골프장 건설의 문제점을 한 가지 쓰세요.

골프장에 채우는 모래와 인공 흙은 빗물을 저장하지 못한다.

(   )

5

글쓴이가 제시한 근거가 타당한지 알맞게 판단한 친구의 이름을 쓰세요.

> 유빈: 첫째 근거만 주장과 관련 있고 주장을 설득력 있게 뒷받침하므로 타당해.
>
> 경아: 세 가지 근거 모두 주장과 관련 있고 주장을 더욱 설득력 있게 뒷받침하므로 타당해.
>
> 효신: 둘째와 셋째 근거는 주장과 관련 있고 주장을 더욱 설득력 있게 뒷받침하므로 타당해. 하지만 첫째 근거는 주장과 관련 없으므로 타당하지 않아.

(   )

6

이 글의 제목으로 알맞은 것은 무엇인가요? (   )

① 골프를 즐기자   ② 나무를 많이 심자

③ 골프장 건설을 막자   ④ 농약 사용을 줄이자

⑤ 자연을 개발하는 데 힘쓰자

7

이 글과 다음 글을 바탕으로 만든 토론 주제로 알맞은 것에 ○표 하세요.

> 집을 짓는 것부터 도로와 철도, 댐과 공항, 항만 등을 건설하는 것까지 경제 개발은 모두 환경적인 면에서 바람직하지 않다. 그렇다고 해서 모든 경제 개발을 멈춘다면 우리는 대부분의 편의 시설을 포기한 채 원시 시대처럼 살아가야 한다. 또 인류가 상당한 기술 발전을 이루었다고 해서 환경을 위해 경제 개발을 포기한다면 지금 상태를 유지하지 못하고 오히려 퇴보하게 될 것이다.

(1) 우리나라의 골프장은 부족한가?   (   )

(2) 인간의 수명을 인위적으로 늘리는 것은 바람직한가?   (   )

(3) 경제 발전과 환경 보호 중 무엇을 더 우선시해야 하는가?   (   )

어휘력 강화

낱말의 뜻

1 빈칸에 알맞은 낱말을 〈보기〉에서 찾아 쓰세요.

> **○ 보기 ○** 　　　　인근　　　　유기농　　　　마구잡이

⑴ (　　　　　　　　　　)(으)로 재배한 채소는 우리 몸에 이롭다.

⑵ 이 실내화는 학교 (　　　　　　　　)에 있는 문방구에서 산 것이다.

⑶ 형은 배가 많이 고팠는지 음식을 (　　　　　　　　)(으)로 집어 먹었다.

맞춤법

2 다음 문장에 알맞은 말을 (　　) 안에서 골라 ○표 하세요.

> 담당자의 안내를 따르지 (않으므로써, 않음으로써) 발생하는 문제는 책임지지 않습니다.

사자성어

3 빈칸에 들어갈 사자성어로 알맞은 것에 ○표 하세요.

> 커피를 마시는 사람들이 늘자 거리마다 카페들이 　　　　　　　　처럼 생겨나고 있다.

⑴ 오매불망(寤寐不忘) → 자나 깨나 잊지 못함. 　　　　　　　　　　(　　　)

⑵ 대기만성(大器晚成) → 큰 그릇을 만드는 데는 시간이 오래 걸린다는 뜻으로, 크게 될 사람은 늦게 이루어짐을 이르는 말. 　　　　　　(　　　)

⑶ 우후죽순(雨後竹筍) → 비가 온 뒤에 여기저기 솟는 죽순이라는 뜻으로, 어떤 일이 한때에 많이 생겨남을 비유적으로 이르는 말. 　　　(　　　)

가

'공정 무역'이란 *개발 도상국의 생산자에게 정당한 값을 주어 생산자가 경제적으로 *자립하고 지속적으로 발전하도록 돕는 무역이다. 개발 도상국의 생산자는 아무리 열심히 일해도 가난을 벗어나기 힘들다. 선진국의 힘에 밀려 상품을 싸게 팔 수밖에 없기 때문이다. 선진국은 싸게 사들인 상품을 비싸게 팔아 큰 이익을 남긴다. 이러한 불공정한 무역을 고치기 위해 시작된 것이 공정 무역이다. 공정 무역을 하면 어떤 점이 좋을까?

『첫째, 생산자가 정당한 댓가를 받을 수 있다. 국제기구 옥스팸의 보고서에 따르면 우리가 5000원짜리 커피 한 잔을 마실 때마다 커피를 재배한 농부에게 주어지는 돈은 고작 25원이라고 한다. 나머지 돈은 *중간 상인과 커피를 만들어 파는 회사가 가져간다. 하지만 공정 무역은 중간 상인과 커피를 만들어 파는 회사를 거치지 않고 주로 생산자 단체와 직접 거래한다. 그래서 커피를 재배하는 농부에게 더 많은 이익이 돌아갈 수 있다.』

둘째, 아이들의 노동력 *착취를 막을 수 있다. 아프리카의 카카오 농장에는 약 220만 명의 아이들이 일하고 있다. 카카오를 초콜릿으로 만들어 파는 *다국적 기업이 돈을 아끼려고 어른에 비해 임금이 싼 아이들을 쓰는 것이다. 아이들은 학교에 가는 대신 아무런 보호 장비 없이 하루 10시간 이상 일하다가 크게 다치기도 한다. 하지만 공정 무역은 아동 노동과 강제 노동을 금지하고 있다. 그래서 공정 무역을 하면 아이들을 노동에서 벗어나게 할 수 있다.

셋째, 생산자의 건강과 환경을 보호할 수 있다. 몇몇 다국적 기업은 큰 이익을 남기기 위해 사람과 환경에 해로운 농약과 화학 비료를 많이 써서 농사를 짓게 한다. 그 결과 개발 도상국의 생산자는 ⓐ   또 개발 도상국의 땅과 물도 오염된다. 하지만 공정 무역은 농약과 화학 비료를 사용하지 않고 친환경적으로 농사를 짓도록 하고 있다. 이에 따라 공정 무역에 참여하는 생산자들은 풀잎을 빻아 만든 천연 농약과 가축의 배설물로 만든 천연 비료를 사용해 농사를 짓는다. 시간과 노력이 많이 드는 일이지만 그만큼 건강과 환경을 보호할 수 있다.

● 지문의 난이도
상 중 **하**

● 문제의 난이도
상 중 **하**

낱말 뜻

* 개발 도상국: 산업의 근대화와 경제 개발이 선진국에 비하여 뒤떨어진 나라.
* 자립하고: 남에게 매이거나 의지하지 않고 자기 힘으로 살아가고.
* 중간 상인: 생산자와 소비자 사이에서 상품을 대 주고 팔고 하는 상인.
* 착취: 자원이나 재산, 노동력 등을 정당한 대가를 주지 않고 빼앗아 이용함.
* 다국적 기업: 여러 나라에 계열 회사를 거느리고 세계적 규모로 생산·판매하는 대기업.

나

오늘날 우리가 누리는 편리하고 풍족한 생활 뒤에는 어두운 그림자가 있다. 풍성한 수확을 위해 무분별하게 사용한 농약과 화학 비료가 사람과 환경을 해치고, 편리한 일회용품은 바다 생물을 위협한다. 달콤한 초콜릿에는 아이들의 고된 노동이, 멋진 모피 코트에는 동물의 희생이 담겨 있다. ⓒ _____ '착한 소비'란 이웃·지역·세계·환경·건강 등에 미치는 영향을 고려해 상품을 사는 것을 말한다. 일상생활 속에서 착한 소비를 어떻게 실천해야 할까?

▲ 공정 무역 인증 표시

첫째, 공정 무역 제품을 사자. 공정 무역 제품은 공정한 가격 지불, 각종 차별 철폐*, 아동 노동 금지, 환경 보호 등 공정 무역의 원칙을 지켜 생산된다. 공정 무역 제품은 커피, 초콜릿, 바나나, 설탕, 의류, 수공예품, 인형, 축구공 등 매우 다양하며, 제품

▲ 공정 무역 인증 표시가 붙어 있는 초콜릿

에 국제 공정 무역 상표 기구가 인증한* 표시가 붙어 있다.

둘째, 동물 복지*를 고려한 상품을 사자. 동물 학대와 동물 실험을 통해 생산된 모피, 가죽, 화장품 등은 사지 말아야 한다. 쾌적한 사육 환경에서 스트레스 없이 자란 가축에서 얻어진 축산물인지 확인하고 사자. 엄격한 동물 복지 기준에 따라 가축을 키운 농장에서 생산된 축산물은 국가에서 인증하는 동물 복지 인증 마크를 받을 수 있다. 이 표시만 잘 확인해도 동물 복지를 고려한 상품인지 확인할 수 있다.

▶ **낱말 뜻**

*철폐: 전에 있던 제도나 규칙 따위를 걷어치워서 없앰.
*인증한: 어떠한 문서나 행위가 정당한 방법과 절차로 이루어졌다는 것을 국가나 사회 기관이 밝힌.
*동물 복지: 동물이 배고픔이나 질병 따위에 시달리지 않고 행복한 상태에서 살아갈 수 있도록 만든 정책이나 시설.

1

글 **가**와 **나**의 공통적인 글의 짜임으로 알맞은 것의 기호를 쓰세요.

> ㉮ 시간이나 공간의 순서에 따라 차례대로 썼다.
> ㉯ 두 대상의 공통점과 차이점을 중심으로 썼다.
> ㉰ 해결할 문제와 그에 대한 해결 방법을 제시했다.
> ㉱ 하나의 주제에 대하여 몇 가지 특징을 늘어놓았다.

(   )

2

글 **가**와 **나**의 내용으로 알맞으면 ○표, 알맞지 <u>않으면</u> ×표 하세요.

(1) 공정 무역은 아이들의 노동력을 효율적으로 사용한다.   (   )

(2) 공정 무역은 주로 생산자 단체와 직접 거래하지 않고 중간 상인과 거래한다.

(   )

(3) 착한 소비를 하려면 동물 학대와 동물 실험으로 생산된 제품은 사지 않아야 한다.

(   )

(4) 공정 무역은 개발 도상국과 선진국 사이의 불공정한 무역을 고치기 위해 시작되었다.

(   )

3

『 』부분에서 맞춤법이 <u>틀린</u> 낱말을 찾아 바르게 고쳐 쓰세요.

(   ) → (   )

4

㉠에 들어갈 알맞은 문장을 쓰세요.

(   )

5

주제

ⓒ에 들어갈 글쓴이의 주장으로 알맞은 것에 ○표 하세요.

(1) 공정 무역을 더욱 확대해야 한다. ( )

(2) 이제 우리는 착한 소비를 해야 한다. ( )

(3) 누구나 풍족하고 편리한 생활을 누려야 한다. ( )

(4) 우리 모두 깨끗한 환경을 만드는 일에 힘써야 한다. ( )

6

적용·창의

글 **나**를 읽고 우리가 실천할 수 있는 착한 소비의 방법이 <u>아닌</u> 것은 무엇인가요?

( )

① 친환경 제품을 산다.

② 포장을 간단히 한 제품을 산다.

③ 버려지는 물건으로 만든 제품을 산다.

④ 재래시장 대신에 대형 마트에서 물건을 산다.

⑤ 벌어들인 돈의 일부를 어려운 이웃을 돕는 데 쓰는 기업의 제품을 산다.

7

비판

글 **가**와 **나**를 읽고 공정 무역과 착한 소비에 대해 알맞게 말한 친구의 이름을 모두 쓰세요.

> 지원: 공정 무역은 결국 나라와 나라 사이에 이루어지는 착한 소비야.
> 영규: 앞으로 물건을 살 때 가격과 비교해 품질이 좋은 제품인지 따져서 사는 착한 소비를 할 거야.
> 수호: 공정 무역과 착한 소비 모두 보다 더 공평하고 건강한 세상을 만들어 가는 방법이라고 생각해.
> 진명: 공정 무역은 생산자보다 다국적 기업의 이익을 우선시하는 무역이어서 생산자들은 공정 무역을 싫어할 거야.

( )

한 주 동안 배운 낱말을 떠올리며 다음 문제를 풀어 보세요.

❶	❷				
	❸				❹
			❺		
❻	❼				
			❽	❾	

가로 →

❶ 인간이 생활하는 데 필요한 각종 물건을 만들어 냄. ⑩ 감자를 ○○하다.

❸ 원칙이나 신념을 지키려는 의지. ⑩ 매화는 사군자의 ○○와 절개를 나타낸다.

❺ 무엇이 갑작스럽게 일어나는 것. ⑩ 인구가 ○○○으로 증가하다.

❻ 강과 시내를 아울러 이르는 말.

❽ 화학 비료나 농약을 쓰지 않고 생물의 작용으로 만들어진 것만을 사용하는 방식의 농업.

세로 ↓

❷ 들이 적고 산이 많은 지대. ⑩ ○○를 개간하여 밭으로 만들었다.

❹ 일정한 평면이나 곡면이 차지하는 크기. ⑩ ○○이 넓다.

❼ 업신여기어 천하게 대우하거나 푸대접함. ⑩ 옛날 유럽 사람들은 감자를 악마의 식물이라며 ○○하였다.

❾ 어떤 사람이나 사물에서 드러나는 격이 높고 훌륭한 분위기. ⑩ 국화는 군자의 높은 ○○과 절개를 나타낸다.

정답 및 해설 16쪽에서 확인하세요.

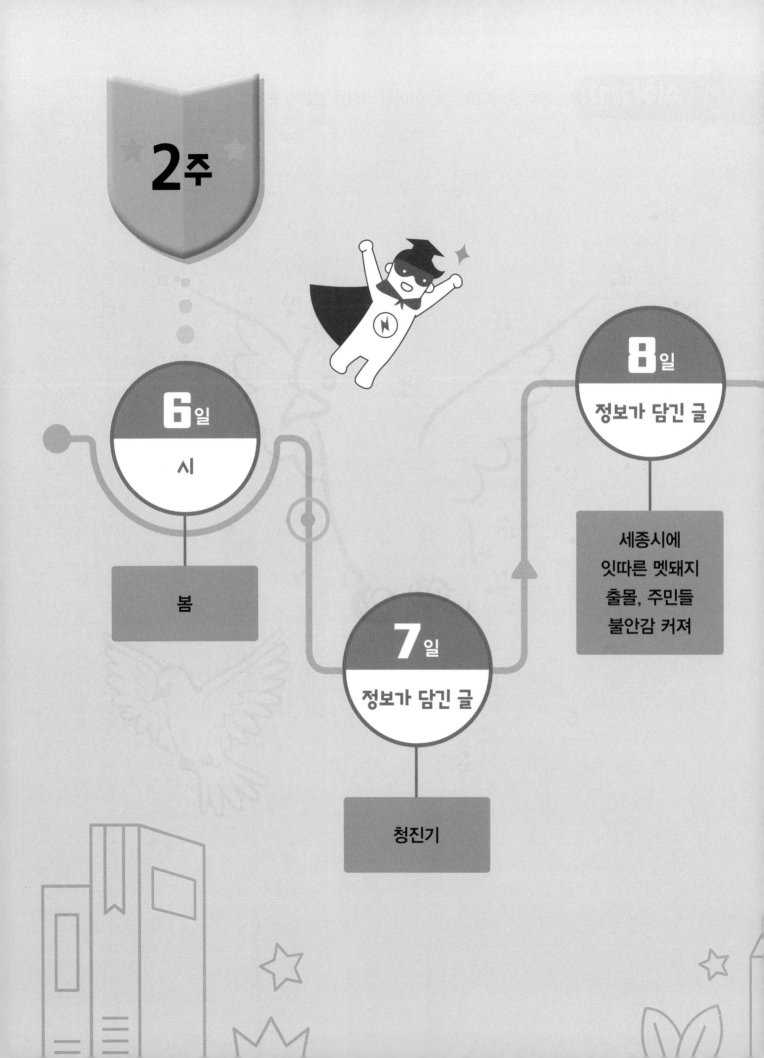

2주

6일
시

봄

7일
정보가 담긴 글

청진기

8일
정보가 담긴 글

세종시에
잇따른 멧돼지
출몰, 주민들
불안감 커져

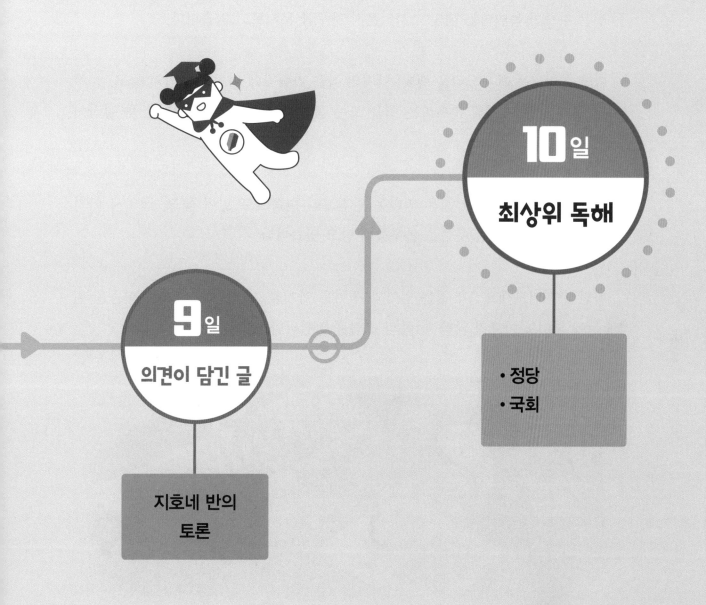

9일

의견이 담긴 글

지호네 반의
토론

10일

최상위 독해

• 정당
• 국회

봄

김상옥

우유처럼 ㉠따스한 햇빛이 마루 위로 *지르르 흐릅니다. 아기는 태어나서 아직 아무것도 만지지 아니한 손으로 햇빛을 주무르고 있습니다.

㉡봉숭아 붉은 앞뜰 울타리 위에 청제비 한 쌍 마주 앉아 서로 *죽지를 펴고, 그 ㉢짙은 자줏빛 목덜미는 햇빛이 가려운지 자꾸만 문지르고 있습니다.

마냥 쏟아지는 ㉣부드러운 햇빛! 아기의 작은 가슴팍에 넘치도록 안겨 들고, ㉤푸르다 못해 검은 아기의 눈초리는 처음 보는 봄의 정겨운 손놀림에 놀란 듯 깜작이고 있습니다.

고개 숙여 바느질하던 젊은 엄마는 반짇고리 한쪽으로 밀어 놓고, 살며시 아기 곁에 옮겨 앉아 흐뭇한 웃음을 *볼우물에 담고 있습니다.

가만히 지켜보세요. 이 젊은 엄마와 귀여운 아기를. 세상은 *바야흐로 이들을 위해 눈에 넣어도 아프지 않을 한 폭의 그림을 펼칩니다.

*지르르: 물기나 기름기, 윤기 따위가 많이 흘러서 번지르르한 모양.
*죽지: 새의 날개가 몸에 붙은 부분.
*볼우물: 볼에 팬 우물이라는 뜻으로, '보조개'를 이르는 말.
*바야흐로: 이제 한창. 또는 지금 바로.

1

이 시의 특징으로 알맞은 것은 무엇인가요? (   )

① 연을 구분하지 않고 이어서 썼다.

② 각 연을 행의 구분 없이 이어서 썼다.

③ 행마다 글자 수가 일정하게 반복된다.

④ 각 연의 처음을 흉내 내는 말로 시작했다.

⑤ 1연과 2연, 3연과 4연은 묻고 대답하는 형식이다.

2

㉠~㉤을 같은 감각적 표현이 쓰인 것끼리 나누어 기호를 쓰세요.

(   ), (   )

3

이 시에서 다음과 같은 모습을 표현한 부분을 찾아 쓰세요.

아기가 손을 오므렸다 폈다 하는 모습

(   )

4

이 시의 분위기로 알맞은 것을 모두 고르세요. (   )

① 밝다.   ② 쓸쓸하다.   ③ 다정하다.

④ 평화롭다.   ⑤ 조심스럽다.

5

감상

이 시를 읽고 생각이나 느낌을 알맞게 말한 친구의 이름을 쓰세요.

> 은미: 아기가 따가운 햇빛을 피하려고 애쓰는 모습이 안타까워.
>
> 재성: 청제비들을 사람이 말하고 행동하는 것처럼 표현해서 새롭고 재미있어.
>
> 찬호: 바느질을 하다가 아기 곁에 옮겨 앉아 아기를 바라보는 엄마의 모습에서 행복한 마음이 느껴져.

(   )

6

주제

이 시의 주제로 알맞은 것은 무엇인가요? (   )

① 봄이 가는 것이 아쉽다.

② 봄이 빨리 왔으면 좋겠다.

③ 아기는 모든 것이 신기하다.

④ 부모는 자식을 위해 희생한다.

⑤ 엄마와 아기가 함께 있는 봄의 풍경이 아름답다.

7

적용·창의

보기와 같이 '~처럼'을 사용해 한 대상을 다른 대상에 빗대어 표현할 때 빈칸에 알맞은 말을 쓰세요.

> ○ **보기** ○
>
> 우유<u>처럼</u> 따스한 햇빛

(1) (   )처럼 예쁜 아기

(2) (   )처럼 부드러운 햇빛

어휘력 강화

낱말의 뜻

1 다음 문장에 알맞은 낱말을 ( ) 안에서 골라 ○표 하세요.

(1) 누나는 웃으면 양쪽 볼에 (볼우물, 볼웃음)이 깊게 팬다.

(2) 강남 갔던 제비가 돌아온 것을 보니 이제 (외따로, 바야흐로) 봄이다.

(3) 의사가 자신의 말이 들리냐고 물었더니 환자는 들린다는 듯이 눈을 (깜작였다, 꾸벅였다).

단위를 나타내는 말

2 빈칸에 공통으로 들어갈 알맞은 낱말을 ○보기○에서 찾아 쓰세요.

○보기○　　　　　쌈　　　쌍　　　채　　　폭

(1)　　　　한 　 의 동양화, 열두 　 치마　　　　(　　　　　)

(2)　　　　비둘기 한 　 , 신혼부부 세 　　　　　(　　　　　)

관용어

3 오른쪽 그림에 어울리는 관용어는 무엇인가요?

(　　　)

① 하늘에 맡기다

② 가슴에 멍이 들다

③ 코끝도 볼 수 없다

④ 숨 돌릴 사이도 없다

⑤ 눈에 넣어도 아프지 않다

얼굴도 귀엽고,
손발도 귀엽고,
모두 다 귀여워!

1 '의사' 하면 누구에게나 떠오르는 의료 기구가 있어요. 바로 청진기예요. 청진기는 환자의 몸 안에서 나는 소리를 듣고 병에 걸렸는지 진단할 때 사용하는 의료 기구예요. 청진기는 누가, 왜 ㉠발명했을까요? 또 어떻게 발전했을까요?

2 청진기는 프랑스의 의사인 라에네크가 발명했어요. 1816년 어느 날, 그에게 심장의 통증을 호소하는 젊은 여성이 찾아왔어요. 그는 여성의 가슴에 귀를 직접 대고 심장 박동 소리를 들어 보아야 했지만 무척 민망했어요. 여성이 비만이어서 신체를 두드리며 진찰하는 것도 소용없었지요. 그때 그의 머릿속에 산책하다가 유심히 보았던 아이들의 놀이가 떠올랐어요. 아이들은 나무 막대기 한쪽 끝에 귀를 대고 다른 한쪽을 두드려 소리를 전하는 놀이를 하고 있었지요. 이에 *영감을 얻은 그는 종이를 둘둘 말아 한쪽 끝은 여성의 가슴에 대고 다른 쪽은 자신의 귀에 대 보았어요. 의외로 심장 박동 소리가 분명하게 들렸어요. 그로부터 3년 뒤, 그는 부단한 노력 끝에 속이 빈 원통형 나무로 만든 청진기를 개발했어요.

3 라에네크의 청진기 이후 청진기는 다양하게 *개량되었어요. 1829년에는 스코틀랜드의 의사 코민스가 꺾이는 청진기를 개발했어요. ㉡라에네크의 청진기는 굵고 일자형이라 진찰하기 어려운 부분이 있었지만, 코민스의 청진기는 가늘고 꺾이는 형태여서 진찰할 수 있는 부분이 훨씬 많아졌어요. 1852년에는 미국의 의사 캠만이 오늘날의 청진기와 비슷한 두 귀로 들을 수 있는 청진기를 개발했어요. 이후 청진기는 발달을 거듭해 최근에는 스마트폰과 연결해 *주파수의 범위에 따라 소리를 분류할 수 있는 청진기도 개발되었어요. 그뿐만 아니라 스마트폰 앱을 활용한 청진기도 등장해 의사가 아닌 일반인도 자신과 가족, 반려동물의 몸 안에서 나는 소리를 직접 듣고 건강 상태를 수시로 확인할 수 있게 되었어요.

4 앞에서 살펴본 것처럼 라에네크가 발명한 청진기는 다양하게 개량되어 최근에는 첨단 청진기까지 등장했어요. 그동안 청진기는 수많은 생명을 살리는 데 소중하게 쓰였어요. 이것은 불편함을 고치기 위한 라에네크의 시도와 노력, 기존의 것에 만족하지 않고 더 나은 것으로 발전시키기 위해 *땀을 흘린 사람들 덕분이지요.

*영감: 창조적인 일의 계기가 되는 기발한 착상이나 자극.
*개량되었어요: 나쁜 점이 보완되어 더 좋게 되었어요.
*주파수: 전파나 음파가 1초 동안에 진동하는 횟수.
*땀을 흘리다: 힘이나 노력을 많이 들이다.

1
내용 이해

이 글의 내용으로 알맞지 <u>않은</u> 것은 무엇인가요? (   )

① 캠만은 두 귀로 들을 수 있는 청진기를 개발했다.

② 그동안 청진기는 수많은 생명을 살리는 데 쓰였다.

③ 최근에는 스마트폰 앱을 활용한 청진기가 등장했다.

④ 라에네크가 발명한 청진기는 가늘고 꺾이는 형태였다.

⑤ 라에네크는 아이들의 놀이에서 영감을 얻어 청진기를 발명했다.

2
어휘·표현

㉠'발명'의 쓰임이 알맞으면 ○표, 알맞지 <u>않으면</u> ×표 하세요.

⑴ 사람은 불을 <u>발명</u>한 뒤로 음식을 익혀 먹었다.   (   )

⑵ 노벨이 <u>발명</u>한 다이너마이트는 광산에서 유용하게 쓰였다.   (   )

⑶ 그는 바다 위에 떠서 이리저리 흘러가다가 작은 섬을 <u>발명</u>했다.   (   )

3
비판

❷문단에 나타난 라에네크의 행동에 대해 자신의 생각을 알맞게 말한 친구의 이름을 쓰세요.

> 도연: 진찰하기가 민망하다고 환자를 돌려보내다니 의사로서 책임감이 부족해.
> 수찬: 청진기를 발명하면서 어려움이 닥칠 때마다 다른 사람이 해결해 주기를 바란 것은 바람직하지 않아.
> 태민: 아이들의 놀이를 그냥 지나치지 않고 유심히 보아 두었다가 환자를 진찰하는 데 활용하다니 관찰력이 뛰어나고 응용력도 대단해.

(   )

4
짜임

㉡에 쓰인 설명 방법으로 알맞은 것에 ○표 하세요.

⑴ 두 대상의 공통점을 중심으로 설명했다.   (   )

⑵ 두 대상의 차이점을 중심으로 설명했다.   (   )

⑶ 여러 가지 대상을 일정한 기준에 따라 묶어 설명했다. (   )

5

주제

❸문단의 중심 문장을 찾아 쓰세요.

(   )

6

추론

이 글에 어울리는 자료로 알맞은 것에 ○표 하세요.

(1) 나이대별 스마트폰 사용 시간을 나타낸 표   (   )

(2) 청진기의 실제 모습을 알 수 있는 사진이나 그림   (   )

(3) 우리나라 의료 서비스 만족도 조사 결과를 나타낸 도표   (   )

7

적용·창의

이 글과 다음 글을 읽고 발명에 대한 포스터 문구를 만들었습니다. 알맞은 것을 모두 고르세요. (   )

> 현재 우리나라 횡단보도에는 대부분 초록색 신호가 얼마나 남아 있는지 알려 주는 예측 가능 신호등이 설치되어 있다. 이 신호등은 지금으로부터 20여 년 전에 초등학교 6학년 서대웅 학생이 만든 발명품이다. 서대웅 학생은 학교 앞에서 신호등의 초록불이 깜박일 때 횡단보도를 건너다가 갑자기 빨간불로 바뀌는 바람에 무서웠다고 한다. 그래서 안전하게 횡단보도를 건너는 방법을 고민하다가 초록불의 진행 정도를 알려 주면 어떨까 하는 아이디어가 떠올랐다고 한다. 서대웅 학생은 전파상을 수없이 드나들며 아이디어를 구체화했고, 마침내 예측 가능 신호등을 발명하게 되었다.

① 발명은 우리 삶을 건강하게, 안전하게 해 줍니다.

② 돈과 명예를 모두 갖고 싶다면 발명에 도전하세요.

③ 발명으로 발전되는 세상 우리의 밝은 미래를 만듭니다.

④ 일상생활의 불편함을 해결하려는 노력이 발명의 시작입니다.

⑤ 풍부한 지식과 경험을 쌓은 사람만이 발명가가 될 수 있습니다.

어휘력 강화

낱말의 뜻

1 빈칸에 알맞은 낱말을 ◎보기◎에서 찾아 쓰세요.

◎보기◎   개량   민망   영감

(1) 생일 선물이 보잘것없어서 친구에게 주기가 (   )했다.

(2) 해가 지는 들녘을 바라보다가 (   )을 얻어 시를 썼다.

(3) (   )된 농기구 덕분에 전보다 농사일이 훨씬 수월하다.

준말

2 ◎보기◎처럼 밑줄 친 말을 줄여서 쓰세요.

◎보기◎   청진기를 발명하였어요. → 발명했어요

(1)   이것은 사과이에요.   → (   )

(2)   얼음이 녹으면 물이 되어요.   → (   )

관용어

3 빈칸에 들어갈 관용어로 알맞은 것은 무엇인가요? (   )

태권도 승급 심사를 통과하니 그동안   보람이 느껴졌다.

① 손을 멈춘   ② 뜸을 들인   ③ 땀을 흘린

④ 코웃음을 친   ⑤ 제자리에 머문

세종시 지역에 멧돼지가 잇따라 *출몰해 주민들이 불안에 떨고 있다. 10월 들어 그 상황이 훨씬 심각하다.

㉮ 지난 10월 12일에는 세종시 도심 한복판에 멧돼지가 나타나 가게의 유리창을 깨뜨린 뒤 달아났고, 10월 18일과 10월 19일에는 한 아파트 단지 인근에 멧돼지가 나타나 큰 소동을 빚었다. 10월 24일에도 또 다른 아파트 단지에 네 마리의 멧돼지가 나타나 한 마리는 잡았고, 한 마리는 차에 치여 숨졌다. 나머지 두 마리는 달아나 잡지 못했다. 10월 26일에는 길벗 초등학교 인근에 멧돼지들이 나타나 한 마리만 잡는 데 성공했다. 이날은 멧돼지를 찾기 위해 드론까지 동원되었다.

㉯ 야생 동물 전문가 □□□ 교수는 도심에 멧돼지가 자주 출몰하는 것에 대해 "멧돼지의 *서식지가 줄어들었기 때문이다. 사람들이 산을 개발해 신도시를 건설하거나 골프장 등을 만들면서 멧돼지의 서식지가 줄어들었다. 그래서 멧돼지가 먹이를 구하기 위해 도심까지 내려온다."라고 말했다. 또 "멧돼지의 수가 증가한 것도 한몫을 한다. 멧돼지는 보통 4월과 5월에 태어나 그해 겨울에 절반 정도가 죽는다. 그런데 요즘 겨울 날씨가 따뜻하고 눈이 적게 와 살아남는 멧돼지가 많아졌다. 그러니 멧돼지가 도심에 출몰하는 횟수도 많아질 수밖에 없다."라고 말했다.

㉰ 세종시에 사는 주민들은 멧돼지 출몰로 인해 불안에 떨고 있다. 시청 관계자에 따르면 "멧돼지가 있는 것 같으니 빨리 와서 확인해 달라.", "달아난 멧돼지를 잡았는지 알고 싶다."와 같은 내용의 전화가 끊이지 않는다고 한다. ㉠슈퍼마켓에서 만난 한 시민은 "멧돼지가 여름철에 진흙으로 된 물웅덩이에서 여러 번 뒹굴면서 기생충을 제거하고 체온을 낮추기도 한다고 들었다."라고 말했다. 이에 세종시는 멧돼지 피해 방지단을 만들어 멧돼지를 잡는 데 *총력을 기울이고 있다.

㉱ 한편, 소방 본부 관계자는 "멧돼지와 마주쳤을 때 소리를 ㉡지르거나 돌을 던지면 멧돼지가 흥분해 공격할 수 있으므로 침착하게 행동해야 한다. 멧돼지의 눈을 똑바로 쳐다보면서 안전한 곳으로 피하는 것이 좋다."라고 말했다.

20○○. 11. 3. △△일보

---

*출몰해: 어떤 현상이나 대상이 나타났다 사라졌다 해.

*서식지: 생물 따위가 일정한 곳에 자리를 잡고 사는 곳.

*총력: 전체의 모든 힘.

1   ㉮에서 전하고 있는 사실로 알맞은 것에 ○표 하세요.

내용 이해

(1) 전국적으로 멧돼지의 출몰이 잦아진 상황   (　　　)

(2) 10월에 세종시에 멧돼지의 출몰이 잦아진 상황   (　　　)

(3) 멧돼지 출몰에 대한 세종시 주민들의 관심이 늘어난 상황   (　　　)

2   다음은 ㉯의 내용을 요약한 것입니다. 빈칸에 알맞은 말을 쓰세요.

짜임

- 도심에 멧돼지가 자주 출몰하는 이유는 _____

_____

3   ㉠에 대해 알맞게 비판한 친구의 이름을 쓰세요.

비판

> 아름: 멧돼지에 대해 관심이 없는 주민을 인터뷰한 내용이어서 신뢰성이 떨어져.
>
> 세연: 주민들이 멧돼지 출몰로 인해 불안에 떨고 있다는 내용과 관련 없으므로 인터뷰 자료로 알맞지 않아.
>
> 준기: 멧돼지를 도심에서 직접 본 사람의 인터뷰 내용이어서 주민들이 얼마나 불안해하는지 잘 보여 주고 있어.

(　　　　　　　)

4   밑줄 친 낱말이 ㉡과 같은 뜻으로 쓰인 것을 두 가지 고르세요. (　　　　)

어휘·표현

① 창고에 불을 <u>지른</u> 사람이 잡혔다.

② 사람들이 함성을 <u>지르며</u> 손뼉을 쳤다.

③ 시간이 없어서 운동장을 <u>질러</u> 뛰어갔다.

④ 사람들이 불꽃놀이를 보고 탄성을 <u>질렀다</u>.

⑤ 한 선수가 골문을 향해 공을 힘차게 <u>질렀다</u>.

5 다음은 ㉮~㉣ 중 어느 부분에 넣을 자료로 알맞은지 기호를 쓰세요.

추론

> • 최근 멧돼지 수의 변화를 보여 주는 자료
> • 최근 멧돼지 서식지 면적의 변화를 보여 주는 자료

(   )

6 이 기사문의 제목으로 알맞은 것은 무엇인가요? (   )

주제

① 이제는 드론으로 멧돼지를 찾는다
② 세종시와 멧돼지의 한판 싸움, 누가 이길 것인가
③ 멧돼지 출몰 감소한 세종시, 안심하기에는 이르다
④ 세종시에 잇따른 멧돼지 출몰, 주민들 불안감 커져
⑤ 신도시 개발이 마무리되어 가는 세종시, 국민들 관심 높아져

7 이 기사문과 다음 글을 통해 생각해 볼 만한 점으로 알맞은 것에 ○표 하세요.

적용·창의

> 최근 5년 동안 멧돼지, 고라니, 꿩, 까치 등의 야생 동물 때문에 입은 농작물 피해액이 569억여 원에 달한다. 해마다 100억 원 이상의 농작물 피해를 입는 셈이다. 농부들이 신고하지 않은 것까지 포함하면 실제 피해액은 더 클 것으로 예상된다. 특히 멧돼지와 고라니는 농작물뿐만 아니라 논밭까지 망쳐 놓는다. 멧돼지와 고라니가 다녀간 논밭은 다음 해 농사를 걱정할 만큼 못 쓰게 된다.
> 한편, 사람에게 잡혀 목숨을 잃는 야생 동물의 수도 많다. 최근 5년 동안 전국적으로 약 297만 마리의 야생 동물이 잡혔다. 이 중에서 까치가 105만 마리로 가장 많이 죽었고, 고라니는 65만 마리, 멧돼지는 19만 마리가 죽었다. 밀렵과 농부들이 놓은 덫 등으로 잡힌 야생 동물의 수까지 합하면 그 수는 더 늘어날 것이다.

(1) 농작물을 더 많이 수확할 수 있는 방법은 무엇인가? (   )
(2) 야생 동물이 옮기는 전염병을 예방하는 방법은 무엇인가? (   )
(3) 사람과 야생 동물이 함께 살아갈 수 있는 방법은 무엇인가? (   )

낱말의 뜻

1 밑줄 친 낱말이 알맞게 쓰인 것에 모두 ○표 하세요.

(1)
총력을 다해 선거를 준비했다.

( )

(2)
경찰이 출몰해 도둑을 잡았다.

( )

(3)
갯벌은 다양한 생물의 서식지이다.

( )

띄어쓰기

2 밑줄 친 부분을 바르게 띄어 쓰세요.

(1)
고양이 한마리를 보았다.
→ ( )

(2)
시장에 가는것이 싫었다.
→ ( )

사자성어

3 빈칸에 들어갈 사자성어로 알맞은 것에 ○표 하세요.

멧돼지의 수가 증가했으므로 멧돼지가 도심에 출몰하는 횟수가 많아진 것은
　　　　　　　이다.

(1) 이왕지사(已往之事) → 이미 지나간 일. ( )

(2) 동문서답(東問西答) → 물음과는 전혀 상관없는 엉뚱한 대답. ( )

(3) 당연지사(當然之事) → 일의 앞뒤 사정을 놓고 판단할 때에 마땅히 그렇게 하여야
하거나 되리라고 여겨지는 일. ( )

지호: 핼러윈은 10월 31일에 주로 미국과 유럽 등지에서 행해지는 서양 축제입니다. 이 축제는 사람들이 유령, 괴물 등으로 분장하고 즐기는 것이 특징이죠. 그런데 최근 우리나라에서도 핼러윈 본래의 의미와 관계없이 축제만을 즐기는 사람들이 늘고 있습니다. 여러분은 핼러윈을 즐기는 것에 대해 어떻게 생각하나요?

다정: 핼러윈을 즐겨도 됩니다. 오늘날 ㉠세계 여러 나라는 다양한 분야에서 서로 *교류하며 이웃처럼 가까이 지내고 있습니다. 이러한 시대에 외국 문화를 받아들이는 것은 자연스러운 일입니다. 우리나라의 김치, 태권도, 가요가 세계로 뻗어 나가는 것은 *두 손 들어 찬성하면서 다른 나라의 문화를 거부하는 것은 이치에 맞지 않습니다.

기주: 핼러윈을 즐기는 것에 반대합니다. 핼러윈 같은 외국 문화보다 우리나라의 전통문화에 더 관심을 가져야 하기 때문입니다. 핼러윈은 새해를 맞이해 죽은 자의 혼을 달래고 악령을 쫓기 위한 고대 켈트족의 풍습에서 유래됐는데, 이는 동짓날에 팥죽을 쑤어 나쁜 기운을 쫓는 우리나라의 풍습과 비슷합니다. ㉡2018년에 ○○ 초등학교에서 4~6학년 학생을 대상으로 조사한 자료에 따르면, 영어 학원에 다니는 친구가 10명 중에 8명꼴이라고 합니다. 동짓날은 모르면서 핼러윈을 즐기는 것은 바람직하지 않습니다.

영재: 핼러윈을 즐기는 것에 찬성합니다. ［ ㉢ ］ 핼러윈이 열리는 날에는 친구들이 유령, 괴물, 마녀 등 기괴한 모습으로 분장을 하는데, 평소와 다른 친구의 모습을 보는 것만으로도 재미가 있어서 그동안 쌓인 스트레스가 풀립니다. 친구네 집에 가서 사탕이나 초콜릿을 얻는 것도 즐거움이 큽니다.

찬혁: 핼러윈을 즐기면 안 됩니다. 사람들이 ㉣기업의 *상술에 넘어가 돈을 낭비하기 때문입니다. 핼러윈이 다가오면 제과업체, 의류업체 등은 많은 돈을 벌기 위해 갖가지 상품을 내놓고 행사를 벌입니다. 그러면 사람들은 떠들썩한 분위기에 휩쓸려 사탕, 초콜릿, 가면, 의상, 장식품 등을 사느라 돈을 헛되이 씁니다. 낭비하는 돈의 액수는 적게는 몇 천 원, 많게는 수백만 원에 이릅니다.

---

* 교류하며: 문화나 사상 따위를 서로 통하게 하며.
* 두 손 들다: 전적으로 환영하거나 찬성하다.
* 상술: 장사하는 재주나 꾀.

1

주제

이 토론의 주제로 알맞은 것에 ◯표 하세요.

(1) 핼러윈을 즐겨도 되는가   (   )

(2) 전통문화를 새롭게 고쳐도 되는가   (   )

(3) 재미와 즐거움을 우선시하는 문화는 바람직한가   (   )

2

내용 이해

친구들이 토론하게 된 문제 상황이 나타난 문장을 찾아 쓰세요.

_____

_____

3

어휘·표현

㉠을 뜻하는 낱말은 무엇인가요? (   )

① 고령화   ② 산업화   ③ 세계화

④ 양극화   ⑤ 온난화

4

비판

㉡이 적절한지에 대해 바르게 말한 친구의 이름을 쓰세요.

시아: 근거와 관련 없는 내용이므로 뒷받침 문장으로 적절하지 않아.

슬기: 근거와 관련 있는 내용이지만 자료의 출처가 분명하지 않아 믿을 수 없어.

현준: 자료의 출처가 분명하고 근거와 관련 있는 내용이므로 주장을 뒷받침하는
    문장으로 적절해.

(   )

5 ⓒ에 들어갈 문장으로 알맞은 것은 무엇인가요? (   )

추론

① 핼러윈은 외국 문화이기 때문입니다.
② 핼러윈은 재미와 즐거움을 주기 때문입니다.
③ 핼러윈이 세대 간에 갈등을 일으키기 때문입니다.
④ 핼러윈을 준비하느라 시간을 낭비하기 때문입니다.
⑤ 핼러윈을 즐기는 것은 개인의 선택이기 때문입니다.

6 ⓔ의 내용은 무엇인지 정리하여 쓰세요.

내용 이해

_____

_____

7 찬혁이의 의견에 반박하는 의견을 말할 때 근거로 알맞은 것에 ○표 하세요.

적용·창의

(1)　핼러윈이 과소비를 부추기고 있습니다. 핼러윈에 참석하는 아이들과 젊은이들이 다른 사람보다 더 특이하게 보이려고 경쟁을 하다 보니 지나치게 돈을 많이 써서 문제가 큽니다.　(　　)

(2)　핼러윈으로 인해 경제가 활성화되기도 합니다. 사람들이 핼러윈과 관련된 상품을 사고 핼러윈을 즐기면서 돈을 쓰면 침체된 기업과 가게에 활력을 불어넣어 다시 경제가 살아납니다.　(　　)

(3)　설, 추석, 크리스마스 등 다른 명절이나 기념일에도 평소와 비교해 사건·사고가 증가하는 것은 마찬가지입니다. 따라서 핼러윈이 열리는 날에 사건·사고가 많이 일어난다는 이유로 핼러윈을 즐기면 안 된다고 하는 것은 설득력이 없습니다.　(　　)

1 빈칸에 알맞은 낱말을 〈보기〉에서 찾아 쓰세요.

> **〈보기〉**　　　　　교류　　　　분장　　　　상술

(1) 할머니로 (　　　　　)한 은성이가 무대 위에 등장했다.

(2) 채소 장사를 하는 삼촌은 (　　　　)이/가 뛰어나서 돈을 많이 번다.

(3) 남북한이 서로 활발히 (　　　　)한다면 통일도 이룰 수 있을 것이다.

2 다음 문장에 알맞은 낱말을 (　　) 안에서 골라 ○표 하세요.

(1) 할머니는 손주를 (좇아, 쫓아) 방으로 들어가셨다.

(2) 아버지는 할머니의 유언을 (좇아, 쫓아) 시골로 내려가셨다.

(3) 이번 장마는 역사상 (유래, 유례)를 찾기 드물게 매우 길었다.

(4) 마라톤의 (유래, 유례)는 고대 아테네의 마라톤 전투로 거슬러 올라간다.

3 밑줄 친 관용어를 바르게 고쳐 쓴 것은 무엇인가요? (　　　　)

> "놀이공원에 가자는 네 의견에 <u>머리를 흔들어</u> 찬성해."

① 붓을 들어　　　　　② 손을 벌려　　　　　③ 혀를 차며

④ 두 손 들어　　　　　⑤ 배를 두드려

가

㉮ 　정당은 *정치에 대해 비슷한 생각을 가진 사람들이 모여 만든 단체예요. 예를 들어 급격한 변화보다 안정을 추구하는 사람들끼리 모여 정당을 만들기도 하고, 사회의 변화를 바라는 사람들끼리 모여 정당을 만들기도 해요. 우리나라에서는 누구나 필요한 조건을 갖추면 정당을 만들 수 있어요. 또 정당에는 국회 의원과 정치를 하려는 사람뿐만 아니라 일반 국민도 가입해서 활동할 수 있어요. 정당에서는 어떤 일을 할까요?

㉯ 　첫째, 국민의 의견이 나랏일에 반영되도록 해요. 정당은 자신들을 지지하는 국민들의 의견을 귀 기울여 들어요. 그리고 국민들의 뜻을 담은 *정책을 만들어 그 정책이 나랏일에 반영되도록 노력해요.

　둘째, 대통령이나 국회 의원, 지방 의회 의원 선거 등에 나갈 후보자를 추천해요. 정당은 대통령, 국회 의원 등 국민을 대신해 나랏일을 할 사람을 뽑는 선거에 후보를 추천하고 당선되도록 노력해요. 왜냐하면 대통령을 *배출하고 국회 의원을 많이 당선시킨 정당은 법과 정책을 만드는 데 힘을 발휘할 수 있어 나라를 다스리는 데 유리하기 때문이에요.

　셋째, 국민이 정치를 배울 수 있도록 해 주어요. 정당은 국민들이 정치에 관심을 가지고 스스로 참여하도록 하기 위해 각종 강연회나 모임을 열어 나랏일이 어떻게 돌아가는지를 알리고 정치에 대해 교육해요. ㉠이를 통해 정당은 정치가 무엇인지 배우게 되지요.

㉰ 　정당은 현재 *정권을 누가 가지고 있는가에 따라 여당과 야당으로 나눌 수 있어요. 우리나라에서 여당은 대통령을 배출해서 정권을 가진 정당이고, 야당은 대통령을 배출하지 못해서 정권을 가지지 못한 나머지 정당이에요. 따라서 우리나라의 여당은 한 개뿐이지만, 야당은 여러 개예요. 여당은 대통령이 이끄는 *정부와 서로 협력해 자신들이 생각한 방향으로 나라를 만들려고 힘써요. 반면 야당은 정부가 나랏일을 제대로 하고 있는지, 정부와 여당에서 추진하는 정책에 문제가 없는지 감시하고 비판해요. 또 정당은 배출한 국회 의원의 수에 따라 다수당과 소수당으로 나눌 수도 있어요. 다수당은 국회 의원 수가 많은 정당이고, 소수당은 국회 의원 수가 적은 정

당을 말해요. 어떤 정당이 대통령을 배출했지만 정당에 속한 국회 의원의 숫자가 적다면 여당이자 소수당이 돼요.

나

국회에서는 국민을 위한 법을 만들어요. 이것은 국회가 하는 일 중에서 가장 중요한 일이에요. 법을 만드는 곳이라고 해서 국회를 입법부라고 하기도 해요. 국회는 이미 만들어져 있는 법을 바꾸거나 없애기도 해요.

▲ 국회가 열리는 장소인
국회 의사당

국회에서는 나라의 살림살이를 결정하는 일도 해요. 정부가 나라 살림을 위한 돈을 어디에 어떻게 나누어 쓸 것인지 계획한 것을 보고 잘 짰는지 검토해요. 정부가 사용한 돈이 계획대로 잘 쓰였는지도 살펴봐요.

국회에서는 정부가 법에 따라 나랏일을 잘하는지 살펴보는 일도 해요. 해마다 일정한 기간 동안 정부의 공무원들을 불러 문제를 지적하고 잘못을 바로잡도록 요구해요. 특별한 정치 문제가 생겼을 때에는 직접 조사에 나서기도 하지요.

이외에도 대통령이 *임명하려는 대법원장, 국무총리 등의 *자질과 능력을 살펴보는 *청문회를 열어 임명을 동의하거나 반대하는 일 등도 국회에서 해요.

한편, 우리나라의 국회를 구성하는 국회 의원은 4년마다 치러지는 선거를 통해 뽑아요. ⓛ국회 의원들은 국회에서 일할 때 자신이 속한 정당의 목표에 따라 일하지 않아요. 예를 들어 국민의 복지가 목표인 정당에 속한 국회 의원들은 국민의 복지를 실현하기 위해 힘쓰고, 경제 성장이 목표인 정당에 속한 국회 의원들은 경제를 성장시키기 위해 힘써요.

낱말 뜻

*임명하려는: 일정한 지위나 임무를 남에게 맡기려는.
*자질: 어떤 분야의 일에 대한 능력이나 실력의 정도.
*청문회: 어떤 문제에 대하여 내용을 듣고 그에 대하여 물어보는 모임.

1

글 **가**와 **나**는 공통적으로 무엇과 관련 있는 지식을 전하고 있나요? (　　　)

① 과학   ② 경제   ③ 문화

④ 예술   ⑤ 정치

2

다음 글이 들어가기에 알맞은 곳은 어디인가요? (　　　)

> 날마다 하는 텔레비전 뉴스를 보면 "여당은 ~ 한편, 야당은 ~ 하였습니다."라고 하며 소식을 전해요. 또 대통령이나 국회 의원 등을 뽑는 선거 때가 되면 "○○당 후보, □□당 후보" 등의 말을 자주 들어요. 여당, 야당, ○○당, □□당은 모두 정당과 관련 있는 말이에요.

① 가의 바로 앞   ② 가와 나 사이

③ 나와 다 사이   ④ 다의 바로 뒤

⑤ 라와 마 사이

3

다음 내용이 정당에 대한 설명이면 '정', 국회에 대한 설명이면 '국'이라고 쓰세요.

(1) 입법부라고 한다. (　　　)

(2) 일반 국민도 가입해 활동할 수 있다. (　　　)

(3) 대통령, 국회 의원 등을 뽑는 선거에 후보를 추천한다. (　　　)

(4) 정부의 공무원들을 불러 문제를 지적하고 잘못을 바로잡도록 요구한다. (　　　)

(5) 정부가 나라 살림을 위한 돈에 대해 계획한 것을 보고 잘 짰는지 검토한다.

(　　　)

4

㉠과 ㉡에서 **잘못된 부분**을 찾아 바르게 고쳐 쓰세요.

(1) ㉠: (　　　　　　　) → (　　　　　　　　　)

(2) ㉡: (　　　　　　　) → (　　　　　　　　　)

5 밑줄 친 낱말 중 뜻이 같은 것끼리 짝 지어 기호를 쓰세요.

어휘·표현

> ㉮ 식물은 밤에 이산화 탄소를 <u>배출한다</u>.
> ㉯ 그녀는 우리나라가 <u>배출한</u> 천재적인 과학자이다.
> ㉰ 우리 학교는 지금까지 2000여 명의 졸업생을 <u>배출했다</u>.
> ㉱ 공장에서 함부로 <u>배출한</u> 폐수 때문에 하천이 오염되었다.
> ㉲ 반려견 훈련 전문가를 <u>배출하기</u> 위한 교육 과정을 만들었다.

(   ), (   )

6 글 **가**와 **나**의 내용으로 보아, 정당과 국회는 어떤 관계가 있는지 빈칸에 알맞은 말을 쓰거나 ○표를 하세요.

추론

> (1) (국회, 법원)을/를 구성하는 국회 의원을 배출하는 곳이 (2) (   )(이)
> 고, 국회 의원을 많이 배출한 정당일수록 정치하는 데 (3) (불리, 유리)하므로 정
> 당과 국회는 관계가 (4) (밀접하다, 별로 없다).

7 글 **가**와 **나**의 내용으로 보아, 다음과 같은 경우에 일어날 일로 알맞은 것에 ○표 하세요.

적용·창의

> ○○당에서 추천한 후보가 대통령 선거에서 당선되었는데, 야당의 국회 의원이
> 10명이라면 ○○당의 국회 의원은 6명꼴이다. 즉 여당의 국회 의원 수가 야당의
> 국회 의원 수보다 적은 것이다.

(1) 국회에서 대통령의 영향력이 커진다. (   )

(2) ○○당은 다음 대통령 선거에 후보를 추천하지 못한다. (   )

(3) 정부가 여러 가지 정책을 추진하는 데 어려움이 생길 수 있다. (   )

한 주 동안 배운 낱말을 떠올리며 다음 문제를 풀어 보세요.

❶	❷				❸
				❹	
		❺			
❻					
			❼		

가로 →

❶ 훌륭한 인재가 잇따라 나옴.
⑩ 우리 학교는 훌륭한 정치인이 많이 ○○ 되었다.

❹ 여러 갈래로 나누어진 범위나 부분.
⑩ 경제 ○○의 전문가

❻ 어떤 문제에 대하여 내용을 듣고 그에 대하여 물어보는 모임.
⑩ 국회에서 금융 실명제에 대한 ○○○가 열렸다.

❼ 장사하는 재주나 꾀.
⑩ 한 기업의 얄팍한 ○○에 소비자들이 당했다.

세로 ↓

❷ 어떤 현상이나 대상이 나타났다 사라졌다 함. ⑩ 적이 ○○했다.

❸ 이제 한창. 또는 지금 바로.
⑩ ○○○○ 봄이 왔다.

❺ 국민의 대표인 국회 의원들로 이루어져, 법률을 만들고 행정부와 사법부를 감시하는 기능을 하는 국가 기관. ⑩ 안건이 ○○에서 통과되었다.

❻ 환자의 몸 안에서 나는 소리를 듣는 데 쓰는 의료 기구.

❼ 사고파는 물품.

정답 및 해설 16쪽에서 확인하세요.

 번호 순서대로 점을 이어서 그림을 완성해 보세요.

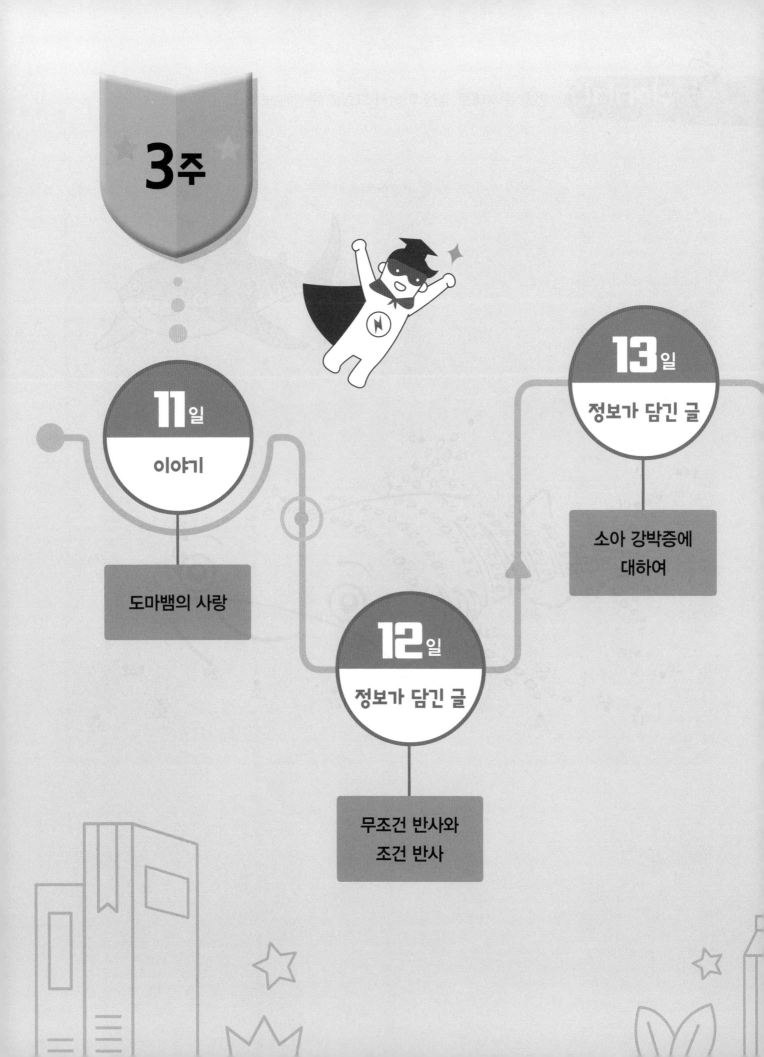

3주

11일
이야기

도마뱀의 사랑

12일
정보가 담긴 글

무조건 반사와
조건 반사

13일
정보가 담긴 글

소아 강박증에
대하여

15일

최상위 독해

- 쥐를 쫓는 주문
- 쥐에 대한 조상들의 생각

14일

의견이 담긴 글

음식물 쓰레기를
줄이자

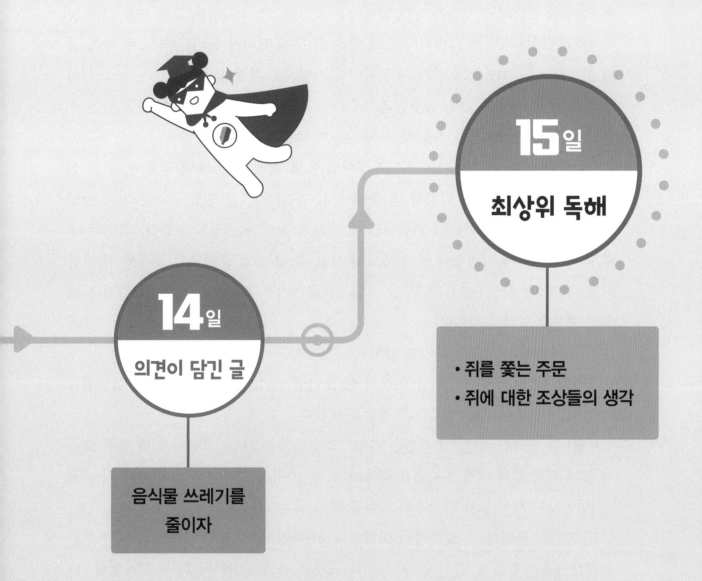

도마뱀의 사랑

이범선

일본에서 실제로 있었던 이야기라고 한다.

어떤 사람이 집의 벽을 수리하기 위해서 뜯었다. 일본 집의 벽이라는 것은 그들의 말로 소위 *'오가베'라 하여 가운데에 나무를 얼기설기 ㉠데고, 그리고 그 양쪽에서 흙을 발라 만드는 것으로 속이 비어 있게 마련이다. 그런데 그 벽을 뜯다 보니까 벽 속에 한 마리의 도마뱀이 갇혀 있더라는 것이다. 그 도마뱀은 그저 보통 갇힌 것이 아니라 어쩌다가 벽 밖에서 안으로 박은 긴 못에 꼬리가 물려 꼼짝도 못 하게 갇혀 있더라는 것이다. 집주인은 그 도마뱀이 가엾기도 하려니와 약간 [㉡]이 생겨 그 못을 조사해 봤다. 집주인은 놀랐다. 그 도마뱀의 꼬리를 찍어 물고 있는 못이 바로 십 년 전 그 집을 지을 때 벽을 만들며 박은 못이었던 것이다.

그렇다면 어떻게 되는 것일까? 그 도마뱀은 벽 속에 갇힌 채 꼼짝도 못 하고 십 년을 살아온 셈이 된다. 캄캄한 벽 속에서 십 년간! ㉢그건 정말 놀라운 일이 아닐 수 없다. 캄캄한 벽 속에 십 년간이란 긴 세월을 살았다는 것도 놀랍다. 그런데 그렇게 꼬리가 못에 박혔으니 한 걸음도 움직일 수 없는 그 도마뱀이 도대체 십 년간이나 그 벽 속에서 무엇을 먹고 산 것일까? 굶어서? 그럴 수는 없다. 집주인은 벽 수리 공사를 일단 중지했다.

"이놈이 도대체 어떻게 무엇을 잡아먹는가?" 하고.

그런데 어떤가. 얼마 있더니 어디서 딴 도마뱀 한 마리가 먹이를 물고 살금살금 기어 오는 것이 아닌가. 집주인은 정말로 놀랐다.

사랑! 그 지극한 사랑! 그 끈질긴 사랑! 그 눈물겨운 사랑! 그러니까 벽 속에 꼬리가 못에 찍혀 갇혀 버린 도마뱀을 위하여 또 한 마리의 도마뱀은 십 년이란 긴 세월을 *비가 오나 눈이 오나 한결같이 먹이를 물어 나른 것이다.

그 먹이를 물어다 준 도마뱀이 어미인지, 아비인지, 그렇지 않으면 부부간 혹은 형제간인지 그것은 알 길이 없다. 그러나 그것을 반드시 알아야 할 필요는 없다. 나는 그 말을 듣고 그 *숭고한 사랑의 힘에 가슴이 뭉클했다.

*소위: 세상에서 말하는 바.
*비가 오나 눈이 오나: 아무리 어려움이 있어도 언제나 한결같이.
*숭고한: 뜻이 높고 고상한.

1

짜임

이 글에 대한 설명으로 알맞은 것에 ○표 하세요.

(1) 글쓴이가 일본을 여행하면서 생각하거나 느낀 점을 중심으로 썼다.　　（　　）

(2) 글쓴이가 도마뱀과 관련해 들은 이야기와 그 이야기에 대한 감상을 썼다. （　　）

(3) 글쓴이가 집을 수리하면서 겪은 일과 그 일에 대한 생각이나 느낌을 썼다.

（　　）

2

어휘·표현

㉠을 바르게 고쳐 쓰세요.

（　　　　　　　　）

3

추론

㉡에 들어갈 집주인의 마음을 나타내는 말로 알맞은 것에 ○표 하세요.

경쟁심　　　자부심　　　인내심　　　호기심

4

내용 이해

㉢이 가리키는 내용으로 알맞은 것은 무엇인가요? (　　　)

① 도마뱀이 십 년간 굶은 것

② 도마뱀이 벽 속에 있는 것을 아무도 알지 못한 것

③ 도마뱀이 벽 밖과 안을 드나들며 십 년을 살아온 것

④ 도마뱀이 벽 속에 갇힌 채 꼼짝도 못 하고 십 년을 살아온 것

⑤ 도마뱀의 꼬리를 찍어 물고 있는 못이 십 년 전에 박은 못이라는 것

5 이 글을 읽고 생각이나 느낌을 알맞게 말한 친구의 이름을 쓰세요.

감상

> 진주: 글쓴이는 꼬리가 못에 박힌 도마뱀의 나약함을 나무랐지만, 나는 꼬리가 못에 박힌 도마뱀을 이해해.
>
> 동훈: 나도 글쓴이처럼 십 년이라는 긴 세월 동안 한결같이 먹이를 물어 나른 도마뱀의 지극하고 끈질긴 사랑에 감동했어.
>
> 세완: 부모님의 사랑만이 숭고하다는 글쓴이의 생각에 동의할 수 없어. 숭고한 사랑은 형제나 친구, 이웃 사이에도 존재한다고 생각해.

(   )

6 이 글을 통해 글쓴이가 전하고자 하는 생각은 무엇인가요? (   )

주제

① 가족의 소중함   ② 세월의 덧없음

③ 진정한 사랑의 힘   ④ 혼자 살아가는 쓸쓸함

⑤ 고생 끝에 누리는 기쁨

7 이 글의 내용을 바탕으로 시를 썼습니다. 빈칸에 알맞은 내용을 쓰세요.

적용·창의

> 꼬리에 못이 박혀
> 깜깜한 벽 속에 갇힌
> 도마뱀.
>
> 무서울까 봐
> 외로울까 봐
> (1) (   ) 봐
>
> 십 년 그 긴 세월
> 한결같이 먹이를 물고 온
> 또 하나의 도마뱀.
>
> 아, 얼마나 지극한 사랑인가.
> 아, 얼마나 (2) (   )
> 사랑인가.
> 나도 그런 사랑을 하리라.

어휘력 강화

낱말의 뜻

1 빈칸에 알맞은 낱말을 ◎보기◎에서 찾아 쓰세요.

> ◎보기◎   소위   숭고   얼기설기

(1) 동생은 색종이를 잘라 도화지에 (　　　　　　　) 붙였다.

(2) 삼촌은 (　　　　　　　) 명문으로 꼽히는 대학교에 입학했다.

(3) 나라를 위해 목숨을 바친 독립운동가의 (　　　　　　　)한 정신을 기리는 시간
을 가졌다.

띄어쓰기

2 밑줄 친 부분의 띄어쓰기가 바른 것을 골라 기호를 쓰세요.

(1)
㉮ 의자에 <u>앉은채로</u> 잠이 들었다.
㉯ 의자에 <u>앉은 채로</u> 잠이 들었다.
(　　　　　　)

(2)
㉮ <u>이틀간</u> 학교에 가지 못했다.
㉯ <u>이틀 간</u> 학교에 가지 못했다.
(　　　　　　)

관용어

3 다음 문장에 알맞은 관용어를 (　　) 안에서 골라 ○표 하세요.

> 부모님께서는 (씻은 듯이, 밑도 끝도 없이, 비가 오나 눈이 오나) 자식이 잘못
> 될까 봐 걱정하신다.

우리 몸은 외부의 자극에 대해 자신의 의지와 상관없이 반응이 일어나요. 예를 들어 선인장 가시가 손에 ㉠닿으면 재빨리 손을 ㉡떼는 거죠. 이처럼 우리 몸이 외부 자극에 대해 무의식적으로 반응하는 것을 '반사'라고 해요. 반사에는 '무조건 반사'와 '조건 반사'가 있어요.

무조건 반사는 동물이 태어날 때부터 가지고 있는 반사예요. 우리 뇌를 구성하는 부분 중 대뇌는 감각 기관을 통해 전달된 자극을 판단해 ㉢적절히 반응하도록 명령해요. 굴러가는 공을 보고 팔을 뻗어 잡는 것은 눈을 통해 들어온 정보가 대뇌에 전달되어 대뇌에서 움직이라는 명령을 내리고, 이 명령이 팔 근육에 전해지기 때문이에요. 하지만 무조건 반사는 자극이 대뇌로 전달되기 전에 *척수, *연수, *중뇌 등에서 명령을 내려요. 자극에 대한 반응이 빠르게 일어나는 거지요. 그래서 무조건 반사는 갑자기 일어나는 위험으로부터 우리 몸을 보호해요. ⑦

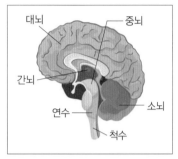

▲ 뇌의 구조

㉣재채기, 기침, ㉤딸국질, 하품 등이 무조건 반사에 해당해요.

조건 반사는 동물이 학습을 통해 익히는 반사예요. 1900년경 러시아의 생리학자 파블로프는 개가 먹이를 보기만 해도 침을 흘리는 모습을 보고 실험을 했어요. 그가 개에게 먹이를 줄 때마다 종소리를 들려주었더니 나중에는 개가 종소리만 들어도 침을 흘린다는 사실을 알아내고, 이와 같은 반응을 조건 반사라고 했지요.

⑭ 조건 반사는 외부의 자극에 대해 무의식적으로 반응한다는 점이 무조건 반사와 같아요. 하지만 배우지 않아도 일어나는 무조건 반사와는 달리 조건 반사는 경험이나 학습에 의해 일어나요. 예를 들어 레몬 조각을 입에 넣었을 때 침이 나오는 것은 무조건 반사예요. 하지만 레몬의 신맛을 느껴 본 사람이 레몬을 보기만 해도 입 안에 침이 고이는 것은 조건 반사예요. 즉 조건 반사는 대뇌가 과거의 자극을 기억하고 있다가 반사하는 것이지요. ㉥양파 껍질을 벗길 때 매워서 눈물이 나는 것, 개에 물린 적이 있는 사람이 개를 보면 몸이 움츠러드는 것 등도 조건 반사예요.

*척수: 척추의 뼈 속에 있는, 신경 세포가 모인 부분.
*연수: 뇌의 한 부분으로, 호흡·혈액 순환·소화 운동을 조절함.
*중뇌: 뇌의 한 부분으로, 눈동자의 운동과 몸의 평형 유지 등을 담당함.

1

어휘·표현

㉠~㉢ 중 맞춤법이 **틀린** 낱말을 찾아 바르게 고쳐 쓰세요.

(   ) → (   )

2

추론

㉮에 들어갈 뒷받침 문장으로 알맞은 것에 ○표 하세요.

(1)
　눈으로 보는 것과 침이 나오는 것은 아무런 관련이 없지만 경험이나 학습을 통해 이 두 가지가 서로 연결되는 거예요.

(   )

(2)
　만약 우리 몸에 갑작스러운 위험이 닥쳤을 때 대뇌까지 전달되어 반응이 일어난다면 시간이 오래 걸려 우리 몸은 손상을 입을 거예요.

(   )

(3)
　바닥에 동전이 떨어진 것을 보고 동전을 줍는 것은 반사라고 할 수 없어요. 왜냐하면 자신의 의지에 따라 일어난 반응이기 때문이에요.

(   )

3

짜임

㉯에 쓰인 설명 방법으로 알맞은 것을 모두 고르세요. (   )

① 예를 들어 설명했다.
② 두 대상의 공통점을 들어 설명했다.
③ 두 대상의 차이점을 들어 설명했다.
④ 여러 대상을 기준에 따라 묶어 설명했다.
⑤ 하나의 대상을 여러 부분으로 나누어 설명했다.

4

비판

㉯을 알맞게 비판한 친구의 이름을 쓰세요.

> 기현: 양파 껍질을 벗길 때 매워서 눈물이 나는 것은 무조건 반사이므로 다른 예로 바꿔야 해.
> 승우: 개에 물린 적이 있는 사람이 개를 보면 몸이 움츠러드는 것은 무조건 반사이므로 다른 예로 바꿔야 해.
> 희재: 양파 껍질을 벗길 때 매워서 눈물이 나는 것, 개에 물린 적이 있는 사람이 개를 보면 몸이 움츠러드는 것 모두 조건 반사의 예로 알맞아.

(   )

5 이 글을 읽고 알게 된 내용으로 알맞지 <u>않은</u> 것의 기호를 쓰세요.

> ㉮ 무조건 반사와 조건 반사 모두 대뇌와 관련 없다.
>
> ㉯ 조건 반사가 일어나려면 경험이나 학습이 필요하다.
>
> ㉰ 무조건 반사와 조건 반사 모두 외부 자극에 대해 무의식적으로 반응하는 것이다.

(   )

6 이 글의 가장 중요한 내용은 무엇인가요? (   )

① 우리 몸을 소중히 보호해야 한다.
② 사람마다 경험과 학습의 양이 다르다.
③ 우리 몸은 기관마다 하는 일이 다르다.
④ 우리 뇌에서 대뇌는 중요한 역할을 한다.
⑤ 우리 몸은 무조건 반사와 조건 반사를 한다.

7 이 글을 읽고 다음 상황을 바르게 해석한 것에 ○표 하세요.

> 주사를 맞을 때마다 울던 아기가 언제부터인가 흰옷만 봐도 운다.

(1) 아기의 뇌를 발달시키는 외부 자극이 충분하지 못한 것이다. (   )
(2) 주삿바늘의 끝이 뾰족하기 때문에 무조건 반사가 일어난 것이다. (   )
(3) 아기가 주사를 맞을 때마다 흰옷을 입은 의사를 보았기 때문에 조건 반사가 일어
    난 것이다. (   )

어휘력 강화

낱말의 뜻

1 다음 문장에 알맞은 낱말을 ( ) 안에서 골라 ○표 하세요.

(1) 사람을 외모로 (중단하는, 판단하는) 것은 옳지 않다.

(2) 거짓말을 하는 사람들은 (의식적, 무의식적)으로 입을 만진다.

(3) 피아노 연주를 끝낸 피아니스트는 사람들의 뜨거운 (반발, 반응)에 감격의 눈물
을 흘렸다.

동형어

2 밑줄 친 '물리다'가 ○보기○와 같은 뜻으로 쓰인 것에 ○표 하세요.

> ○보기○
>
> 고양이에게 손등을 물릴 뻔했다.

(1) 언니가 새로 산 옷을 물리러 옷 가게에 갔다. ( )

(2) 이틀 동안 피자를 먹어서 이젠 피자에 물렸다. ( )

(3) 몇 년 전에 이웃집 개에게 손을 물린 적이 있다. ( )

관용어

3 빈칸에 들어갈 관용어로 알맞은 것을 두 가지 고르세요. ( )

> 갈비를 무척 좋아하는 동생은 갈비 냄새가 나자 　　　　　.

① 침을 뱉었다 　　　　② 침을 삼켰다 　　　　③ 침을 흘렸다

④ 혀가 닳았다 　　　　⑤ 혀를 내밀었다

명훈, 지선: 안녕하세요? 저희는 ○○ 초등학교 4학년 2반 박명훈, 우지선이라고 합니다.

명훈: ㉠바쁘신데 면담을 허락해 주셔서 감사합니다. 먼저 소아 강박증이 무엇인지부터 설명해 주세요.

의사 선생님: 소아 강박증은 아이들에게 나타나는 강박증이에요. 강박증은 자신이 원하지 않는데도 어떤 생각이나 장면이 떠올라 불안해지고 그 불안을 없애기 위해서 특정한 행동을 반복하게 되는 *질환인데, 손을 너무 자주 씻거나 주변에 놓인 물건을 지나치게 정리하는 행동 등을 보이죠. 보통 소아 강박증은 뇌가 급격히 자라는 5~7세나 10~12세 무렵에 많이 발생해요.

지선: 소아 강박증의 증상에는 ㉡방금 말씀하신 것 외에 또 무엇이 있나요?

의사 선생님: 불을 껐는지, 현관문을 잠갔는지 등 무언가를 계속 확인하는 행동, 쓸모없는 물건인데도 버리지 못하는 행동, 옷 입는 순서나 물건 놓는 자리 등에 *집착하는 행동, 더러운 것에 대한 거부감이 커서 여러 사람이 이용하는 버스나 지하철의 손잡이를 잡지 못하는 행동 등이 있어요.

명훈: 소아 강박증은 왜 생기나요?

㉠ ┌ **의사 선생님:** 유전이 그 원인 중의 하나인데, 부모님이 강박증을 [㉢] 있으면 아이에게도 강박증이 나타날 확률이 높아요. 그리고 우리 몸에는 행동을 조절해 주는 세로토닌이라는 물질이 있는데 이것이 부족할 경우에도 소아 강박증이 생겨요. 또 부모님이 아이의 일에 지나치게 간섭하고 학습에 대한 부담을 많이 └ 주어도 소아 강박증이 생겨요.

지선: [㉣]

의사 선생님: 아이들이 공부와 학교생활, 일상생활을 제대로 하기 힘들어요. 친구와의 관계도 *원만하지 못해서 외톨이가 될 수도 있고요. 또 소아 강박증이 심해지면 우울증에 걸리고 어른이 되어서도 강박증에 시달릴 수 있어요. 따라서 소아 강박증은 초기에 발견해 적절한 치료를 받아야 해요.

---

*질환: 몸의 온갖 병.
*집착하는: 어떤 것에 늘 마음이 쏠려 잊지 못하고 매달리는.
*원만하지: 서로 사이가 좋지.

1

주제

이 면담의 주제는 무엇인지 쓰세요.

(　　　　　　　　　)

2

비판

㉠에서 명훈이가 <u>잘못한</u> 점을 알맞게 말한 친구의 이름을 쓰세요.

> 경진: 자신이 다니는 학교에 대해 소개하지 않았어.
>
> 동민: 면담 주제와 관련된 질문을 하기 전에 면담을 하는 목적이나 까닭을 말하지 않았어.
>
> 석규: 의사 선생님께 초등학생과 면담을 하신 경험이 있으신지 여쭈어 보는 말을 하지 않았어.

(　　　　　　　　　)

3

내용 이해

㉡이 가리키는 내용을 찾아 쓰세요.

(　　　　　　　　　　　　　　　　　　)

4

어휘·표현

㉢에 들어갈 알맞은 낱말에 ○표 하세요.

갖고　　　　　　　　　같고

5 다음은 ㉮의 내용을 요약한 것입니다. 빈칸에 알맞은 말을 쓰세요.

짜임

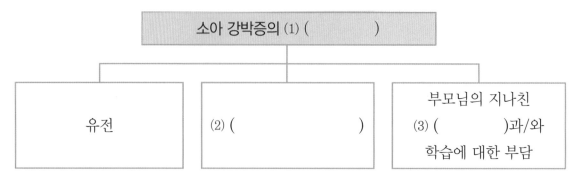

소아 강박증의 (1) ( )

| 유전 | (2) ( ) | 부모님의 지나친 (3) ( )과/와 학습에 대한 부담 |

6 ㉣에 들어갈 질문은 무엇일지 쓰세요.

추론

( )

7 이 글을 참고하여 ( ) 안에서 알맞은 말을 골라 ○표 하세요.

적용·창의

라희: 난 공중화장실 가기가 싫어졌는데 소아 강박증인가?

태경: 공중화장실을 가는 게 왜 싫어진 거야?

라희: 지난 일요일에 공원에 있는 공중화장실에 갔는데 청소가 제대로 안 되어 있어서 너무 더러웠거든.

태경: 그날 이후에도 계속 더럽다는 생각 때문에 공중화장실에 가지 않았던 거야?

라희: 아니야, 그다음부터는 깨끗한 공중화장실만 찾아서 갔어.

태경: 그럼 소아 강박증이 (맞아, 아니야).

낱말의 뜻

1 빈칸에 알맞은 낱말을 ⊙보기⊙에서 찾아 쓰세요.

> ⊙보기⊙   원만   질환   집착

(1) 형은 성격이 활발해서 친구 관계가 (   )하다.

(2) 햇볕을 너무 오래 쬐면 피부과 (   )이 생길 수 있다.

(3) 경기를 할 때 승부에 너무 (   )하면 좋은 결과를 얻을 수 없다.

비슷한말

2 밑줄 친 낱말과 바꾸어 쓸 수 있는 것은 무엇인가요? (   )

> 해가 뜰 <u>무렵</u> 시끄러운 자동차 소리가 났다.

① 뿐   ② 동안   ③ 때문

④ 만큼   ⑤ 즈음

사자성어

3 빈칸에 들어갈 사자성어로 알맞은 것에 ○표 하세요.

>   (이)라는 말이 있듯이 부모님이 아이의 일에 지나치게 간섭하면 아이에게 소아 강박증이 생길 수도 있다.

(1) 과유불급(過猶不及) → 정도를 지나침은 미치지 못함과 같다는 뜻.   (   )

(2) 전화위복(轉禍爲福) → 재앙과 근심, 걱정이 바뀌어 오히려 복이 됨.   (   )

(3) 고진감래(苦盡甘來) → 쓴 것이 다하면 단 것이 온다는 뜻으로, 고생 끝에 즐거움
이 옴을 이르는 말.   (   )

1 음식물 쓰레기는 음식의 재료가 생산되어 판매, 유통, *가공, 조리, 보관, 소비 등에 이르는 과정에서 발생한다. 환경부 자료에 따르면 우리나라에서 하루에 배출되는 음식물 쓰레기의 양은 해마다 늘어 2017년 기준으로 약 1만 6천 톤에 달한다. 이와 같이 음식물 쓰

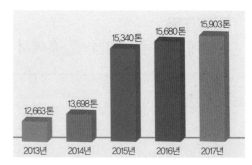

▲ 하루 음식물 쓰레기 발생량(출처: 환경부)

레기가 해마다 늘어나는 원인으로는 푸짐한 상차림과 국, 찌개 같은 국물 요리를 좋아하는 음식 문화, 인구수 및 *1인 가구 수 증가, 소득 증대에 따른 외식 횟수 증가 등을 들 수 있다. 음식물 쓰레기는 처리하는 데 많은 돈이 들 뿐 아니라, 악취와 수질 오염, 온실가스 배출 등 심각한 환경 오염을 일으킨다.

2 음식물 쓰레기를 줄이기 위해서 ㉠되도록 손질한 식재료와 *소포장한 식재료를 구입한다. 음식물 쓰레기 중 절반 이상이 식재료를 조리하거나 보관하는 과정에서 발생한다. 따라서 장을 보기 전에 남아 있는 식재료를 파악하고, 꼭 필요한 것만 소량으로 구입해야 한다. 손질한 채소, 생선 등을 구입하면 음식물 쓰레기를 많이 줄일 수 있다. 또 ㉡가족의 식사량에 알맞게 음식을 만든다. 가족의 식사량보다 국이나 반찬을 많이 만들어 놓으면 싫증이 나서 결국 다 먹지 못하고 버리게 된다. 그리고 ㉢음식을 남기지 않는다. 가정에서는 각자 먹을 만큼 덜어서 먹어야 버리는 음식을 줄일 수 있다. 식당에서는 먹을 만큼만 음식을 주문하고, ⟨ ㉮ ⟩ 음식을 남겼다면 포장해서 집으로 가져와 먹도록 하자. ㉣음식물 쓰레기를 올바르게 버리는 일도 필요하다. 물기를 제거한 뒤 음식물 쓰레기를 버리면 음식물 쓰레기의 양과 처리하는 비용, 환경 오염을 줄일 수 있다. 음식물 쓰레기를 버릴 때 이쑤시개, 비닐봉지, 조개껍데기, 생선 뼈 등 일반 쓰레기를 함께 버려서도 안 된다.

3 음식물 쓰레기를 줄이면 자원의 낭비를 줄이고 환경도 보호할 수 있다. 깨끗한 우리나라, 하나뿐인 지구를 지키는 일이 우리의 손에 달려 있다. ⟨ ㉤ ⟩

---

*가공: 원자재나 반제품을 인공적으로 처리하여 새로운 제품을 만들거나 제품의 질을 높임.

*1인 가구: 혼자서 살림을 하는 가구.

*소포장한: 물건을 크기가 작게 싸거나 꾸린. 또는 적은 양의 물건을 싸거나 꾸린.

1

짜임

이 글의 전개 방식을 다음과 같이 정리할 때, 빈칸에 알맞은 말을 ○보기○에서 찾아 쓰세요.

| ○보기○ | 시간 | 공간 | 문제 | 공통점 | 차이점 | 해결 방법 |

• 해결할 ⑴ (   )과/와 그에 대한 ⑵ (   )을/를 제시했다.

2

내용 이해

음식물 쓰레기가 해마다 늘어나는 원인이 <u>아닌</u> 것은 무엇인가요? (   )

① 인구수 증가
② 온실가스 배출
③ 1인 가구 수 증가
④ 소득 증대에 따른 외식 횟수 증가
⑤ 푸짐한 상차림을 선호하는 음식 문화

3

추론

㉠~㉢ 중 다음 문장과 관련 있는 것을 두 가지 골라 기호를 쓰세요.

> 음식물 쓰레기 중 30퍼센트가 먹다 남긴 음식물이다.

(   )

4

어휘·표현

㉮에 들어갈 알맞은 낱말에 ○표 하세요.

비록   아마   만약

5 주제

ⓜ에 들어갈 글쓴이의 주장으로 알맞은 것은 무엇인가요? (   )

① 깨끗하고 안전한 식재료를 구입하자.

② 우리가 가진 자원을 효율적으로 이용하자.

③ 쓰레기 분리 배출의 중요성을 널리 알리자.

④ 우리 모두 음식물 쓰레기를 줄이는 일에 앞장서자.

⑤ 지구의 환경을 보전하기 위해 세계 여러 나라와 협력하자.

6 비판

이 글을 읽고 자신의 생각을 알맞게 말하지 <u>못한</u> 친구의 이름을 쓰세요.

> **영록:** 음식물 쓰레기와 일반 쓰레기를 함께 버리는 일이 없도록 음식물 쓰레기의 종류에 대해 더 알아봐야겠어.
>
> **찬빈:** 음식물 쓰레기를 줄이기 위해서 조금 비싸더라도 필요한 만큼만 식재료를 사는 착한 소비를 실천해야 해.
>
> **주홍:** 음식물 쓰레기를 줄이기 위해 가정, 식당, 시장, 해당 관청 등에서 노력하고 있다고 하니 곧 좋은 결과가 나올 거야.

(   )

7 적용·창의

이 글을 읽고 음식물 쓰레기 줄이기 캠페인을 벌이려고 합니다. 실천 방안으로 알맞지 <u>않은</u> 것을 두 가지 찾아 ×표 하세요.

> **음식물 쓰레기 줄이기, 지금 시작해 봐요!**
>
> • 가정에서는
>   (1) 과일은 껍질째 먹어요. (   )
>   (2) 작은 냉장고를 큰 냉장고로 바꾸어요. (   )
>   (3) 조금씩 남은 식재료를 활용해 요리를 해요. (   )
> • 식당과 마트에서는
>   (4) 반찬의 가지 수를 줄여요. (   )
>   (5) 1+1, 2+1 등 상품을 묶어 파는 것을 줄여요. (   )
>   (6) 음식이 먹음직스럽게 보이도록 다양하게 장식해요. (   )

어휘력 강화

낱말의 뜻

1 빈칸에 알맞은 낱말을 〈보기〉에서 찾아 쓰세요.

> **보기**   가공   악취   소포장

(1) 쓰레기가 썩으면서 (　　　　　　)을/를 풍겼다.

(2) 대형 마트에 1인 가구를 위한 (　　　　　　) 전문 코너가 생겼다.

(3) 어부들이 잡은 생선은 (　　　　　　) 과정을 거쳐 통조림으로 만들어진다.

헷갈리기 쉬운 말

2 다음 문장에 알맞은 말을 (　　) 안에서 골라 ○표 하세요.

(1) 말린 귤 (껍질, 껍데기)(으)로 끓인 차를 마셨다.

(2) 달걀 (껍질, 껍데기)은/는 음식물 쓰레기가 아니다.

(3) 동생이 바나나 (껍질, 껍데기)을/를 밟고 미끄러졌다.

속담

3 밑줄 친 부분에 어울리는 속담은 무엇인가요? (　　　　)

> 주완: 국수 먹을래?
> 재훈: 매일 국수를 먹었더니 이제는 <u>국수를 쳐다보기도 싫어.</u>

① 국수 먹은 배　　　　　　② 금강산도 식후경

③ 혓바닥째 넘어간다　　　　④ 입에서 신물이 난다

⑤ 속에서 쪼르륵 소리가 난다

가 쥐를 쫓는 *주문

이규보

● 지문의 난이도
상 중 하

● 문제의 난이도
상 중 하

평소 집에서 고양이를 기르지 않았더니 쥐들이 마구 날뛴다. 이에 그것들이 미워 꾸짖는 글을 짓는다.

대개 가정에는 아버지와 어머니가 어른이 되고, 주변에서 이를 돕는데 각각 맡은 일이 있다. 음식 만드는 사람은 계집종이고, 마소를 치는 사람은 사내종이며, 아래로 소, 말, 돼지, 개, 양, 닭과 같은 가축에 이르기까지 맡은 일에 각기 구분이 있다. 말은 사람 대신 힘든 일을 맡아 사람이나 짐을 싣고 달리며, 소는 무거운 짐을 끌거나 밭을 갈며, 닭은 울어서 새벽을 알리며, 개는 짖어서 문을 지키는 등 모두 맡은 역할로 주인을 돕는다.

쥐들에게 묻는다. 너희가 맡은 일은 무엇인가? 누가 너희를 길렀으며 어디서 생겨나서 자라났는가? 구멍을 뚫고 도둑질하는 것만이 오직 너희가 할 줄 아는 것이다. 대개 도둑은 밖에서 들어오기 마련인데 너희는 어찌 집 안에 살면서 도리어 주인의 집에 해를 끼치는가? 여기저기 구멍을 뚫어 이리저리 들락날락하고, 어둠을 틈타 마구 쏘다녀 밤새도록 시끄럽게 하며, 사람이 잠이 들면 더욱 *방자하고, 대낮에도 보란 듯이 다니며, 방에서 부엌으로, 마루에서 방으로 오간다.

단단한 것을 잘 뚫어 상자나 궤 속에 잘 들어가고, 굴뚝을 뚫어 방구석에서 연기가 새게 하며, 마시고 먹기도 하니 이는 도둑질이다. 너희도 배를 채우자고 하는 짓이겠지만, 어찌 옷을 *쏠아 터지게 해 입지 못하게 하며, 실을 쏠아 베를 짜지 못하게 하는가?

너희를 제압할 수 있는 것은 고양이인데 내가 왜 고양이를 기르지 않느냐면 내 성품이 본래 인자해 차마 그렇게 할 수 없어서이다. 만약 내 덕을 무시하고 함부로 날뛰어 해로운 짓을 계속하면 너희를 *응징해 후회하게 할 것이다. 빨리 내 집을 떠나라. 그렇지 않으면 사나운 고양이를 풀어서 하루 아침에 너희를 잡아 고양이의 입술에 너희 기름을 칠하게 하고, 고양이의 뱃속에 너희 살을 *장사 지내게 할 것이다. 그때에는 비록 살아 보려 해도 다시 살아날 수 없을 것이니 *속히 떠나거라. *율령을 따르듯이 급히 가거라.

▸ 낱말 뜻

*주문: 귀신을 쫓아내거나 신비한 일을 일으키기 위해 외우는 글귀.
*방자하고: 어려워하거나 조심스러워하는 태도가 없이 무례하고 건방지고.
*쏠아: 쥐나 좀 따위가 물건을 잘게 물어뜯어.
*응징해: 잘못을 깨우쳐 뉘우치도록 징계해.
*장사: 죽은 사람을 땅에 묻거나 화장하는 일.
*속히: 꽤 빠르게.
*율령: 형률과 법령을 아울러 이르는 말.

나

　㉠'쥐가 고양이를 만난 *격', ㉡'생쥐 고양이한테 덤비는 격', ㉢'쥐 꼬리는 송곳집으로나 쓰지' 등 우리 속담에는 쥐의 약함과 어리석음, 쓸모없음을 표현한 것이 많다. 하지만 옛이야기를 통해 우리 조상들이 쥐를 부정적으로만 생각하지 않았다는 것을 확인할 수 있다.

　"옛날 어느 부잣집에 쥐가 아주 많아 하인들이 사방에 쥐덫을 놓았다. 그러자 집주인이 쥐도 살려고 태어난 짐승인데 함부로 죽일 수 없다며 쥐덫을 모두 치우게 했다. 며칠 뒤 수백 마리의 쥐가 서로 꼬리를 물고 집 밖으로 나왔다. 사람들도 신기해하며 쥐를 쫓아 집 밖으로 모두 나왔다. 그 순간 집이 폭삭 무너졌다."

　이 이야기에서 사람들이 목숨을 구한 것은 집이 무너질 것을 미리 안 쥐 덕분이다. 이처럼 조상들은 쥐를 *예지력이 있는 동물로 여겼다.

　"옛날에 한 어부가 잡은 잉어를 놓아준 대가로 황금 구슬을 얻어 부자가 되었다. 하지만 강 건너에 사는 마음씨 나쁜 할머니에게 황금 구슬을 도둑맞고 다시 가난해졌다. 그러자 어부의 개와 고양이가 할머니의 집으로 가서 쥐에게 황금 구슬이 있는 곳을 물어 황금 구슬을 되찾았다."

　이 이야기에서 조상들은 문제를 해결해 주는 인물로 쥐를 선택했다. 이는 조상들이 쥐를 *정보력을 갖춘 지혜로운 동물로 여겼음을 잘 보여 준다.

　다음 이야기에서 쥐는 ⟨　㉣　⟩을/를 상징하는 동물로 등장한다.

　『"옛날에 한 부부가 살았다. 하루는 아내가 자고 있는 남편의 코에서 쥐가 나오는 것을 보았다. 아내는 쥐를 유심히 보다가 쥐가 가는 대로 따라갔더니 그곳에 금항아리가 있었다. 부부는 금항아리를 팔아 부를 누리며 살았다."』

　우리 조상들은 쥐가 바쁘게 움직이는 모습과 1년에 6~7번이나 새끼를 낳는 *다산의 습성 때문에 쥐가 부를 가져다 준다고 믿었다. 사람들 사이에서 전하는 "쥐가 독에 빠지면 복이 나간다.", "쥐가 집 안에 흙을 파서 쌓으면 부자가 된다."와 같은 말은 모두 쥐가 재물과 관련이 있다는 조상들의 생각을 보여 준다.

▲ 들쥐가 그려진 신사임당의 「초충도」

낱말 뜻

* 격: '셈', '식'의 뜻을 나타내는 말.

* 예지력: 어떤 일이 일어나기 전에 미리 아는 능력.

* 정보력: 정보를 빠르게 얻거나 입수하는 능력.

* 다산: 아이 또는 새끼를 많이 낳음.

1

짜임

글 가와 나에 대한 설명으로 알맞으면 ○표, 알맞지 <u>않으면</u> ×표 하세요.

(1) 글 가에는 글쓴이의 경험과 생각이 잘 나타나 있다. ( )

(2) 글 가와 나 모두 대상의 생김새를 자세히 나타냈다. ( )

(3) 글 가와 나는 대상에 대해 서로 다른 시각으로 썼다. ( )

(4) 글 나는 설명 대상의 종류를 알 수 있는 옛이야기를 예로 들었다. ( )

2

내용 이해

글 가에 나타난 쥐의 모습이나 특성이 <u>아닌</u> 것은 무엇인가요? ( )

① 옷과 실을 쏜다.

② 단단한 것을 잘 뚫는다.

③ 고양이에게 제압당한다.

④ 대낮에는 돌아다니지 않고 밤에만 돌아다닌다.

⑤ 굴뚝을 뚫어 방구석에서 연기가 새어 나오게 한다.

3

감상

글 가를 읽고 생각이나 느낌을 알맞게 말한 친구의 이름을 모두 쓰세요.

> 송이: 쥐가 잘한 점과 잘못한 점을 공정하게 판단하려는 글쓴이의 노력이 느껴져.
>
> 다은: 요즘은 집에서 쥐를 보기 어렵지만 글쓴이가 살던 시대에는 집에 쥐가 많아서 골칫거리였나 봐.
>
> 백현: 말, 소, 닭 등 집에서 기르는 가축이 새끼를 많이 낳아 글쓴이의 집안 형편이 나아졌으면 좋겠어.
>
> 상진: 쥐가 계속 해로운 짓을 하면 고양이를 풀어놓겠다고 하며 으름장을 놓는 부분이 재미있고, 글쓴이의 결심이 단호하다는 것을 느꼈어.

( )

4

어휘·표현

㉠~㉢ 중 다음 상황에 어울리는 속담의 기호를 쓰세요.

> 유치원에 다니는 준수가 씨름 선수인 6학년 형과 씨름을 하겠다고 나섰다.

( )

5 추론

㉣에 들어갈 알맞은 말을 글 **나**의 『　』부분에서 찾아 쓰세요.

(　　　　　　　　　)

6 주제

글 **가**와 **나**의 주제로 알맞은 것을 찾아 각각 기호를 쓰세요.

> ㉮ 집에서 쥐가 사라졌으면 좋겠다.
> ㉯ 고양이는 사람에게 이로운 동물이다.
> ㉰ 자기 일에 대해 책임감을 가져야 한다.
> ㉱ 쥐에 대한 생각은 역사적 상황에 따라 달랐다.
> ㉲ 우리 조상들은 쥐를 긍정적으로 생각하기도 했다.

(1) 글 **가**: (　　　　　　　) 　　(2) 글 **나**: (　　　　　　　)

7 적용·창의

다음은 쥐가 자신을 변호하는 내용을 쓴 편지입니다. 글 **가**와 **나**를 읽고 빈칸에 들어갈 내용으로 알맞지 **않은** 것에 ×표 하세요.

> 　내가 이런저런 말썽을 부려서 미안하오. 나에게도 어쩔 수 없는 사정이 있다오.
> 　내가 집 안을 쏘다니는 것은 방자해서가 아니라 타고난 성품이 부지런하고 성실하기 때문이니 이해해 주시오. 또 나는 양식을 축내고 옷과 실을 못 쓰게 하는 등 해만 끼치는 동물이 아니라오. 쥐들이 집이 무너지는 것을 미리 안 덕분에 사람들이 목숨을 건진 옛이야기를 들어 보지 못했소? 이런 쥐의 특별한 능력을 사람들이 인정한 증거는 또 있소. ▁▁▁▁▁▁▁

(1) 뱃사람들은 쥐 떼가 배에서 내리면 배가 바다에서 뒤집힌다고 믿고 있다오.

(　　)

(2) 산 주변에 사는 사람들은 쥐들이 도망치는 것을 보고 화산이 폭발하거나 지진이 날 것을 알고 대피한다오. (　　)

(3) 사람들 사이에서는 "쥐가 파먹은 과일을 먹으면 눈을 깜박거린다.", "쥐 꼬리를 만지면 음식 솜씨가 없어진다."라는 말이 전해 내려온다오. (　　)

	❶			❸		
				❹		
	❷					❽
			❺	❻		
	❼					
				❾		

가로 →

❶ 세상에서 말하는 바.
  ㉯ 그들은 ○○ 상류층 자제들이었다.

❷ 이익을 얻으려고 물건을 사서 팖. 또는 그런 일.

❹ 몸의 온갖 병. ㉯ 호흡기 ○○

❺ 자극에 대응하여 어떤 현상이 일어남. 또는 그 현상. ㉯ 아무리 자극해도 ○○이 없었다.

❼ 원자재나 반제품을 인공적으로 처리하여 새로운 제품을 만들거나 제품의 질을 높임.
  ㉯ 식품 ○○, 목재 ○○

❾ 어떤 기간의 처음이 되는 시기.
  ㉯ 병은 ○○에 치료하는 것이 좋다.

세로 ↓

❶ 물건을 크기가 작게 싸거나 꾸림. 또는 적은 양의 물건을 싸거나 꾸림.
  ㉯ 1인 가구를 위한 ○○○ 제품이 인기가 많다.

❸ 손을 대어 잘 매만지는 일.
  ㉯ 머리를 ○○하다.

❻ 잘못을 깨우쳐 뉘우치도록 징계함.
  ㉯ 사이버 범죄를 ○○해야 한다.

❼ 현실적으로 주거 및 생계를 같이하는 사람의 집단. ㉯ 1인 ○○ 수가 늘고 있다.

❽ 엉성하고 조잡한 모양.
  ㉯ 벽에 종이를 ○○○○ 붙였다.

정답 및 해설 16쪽에서 확인하세요.

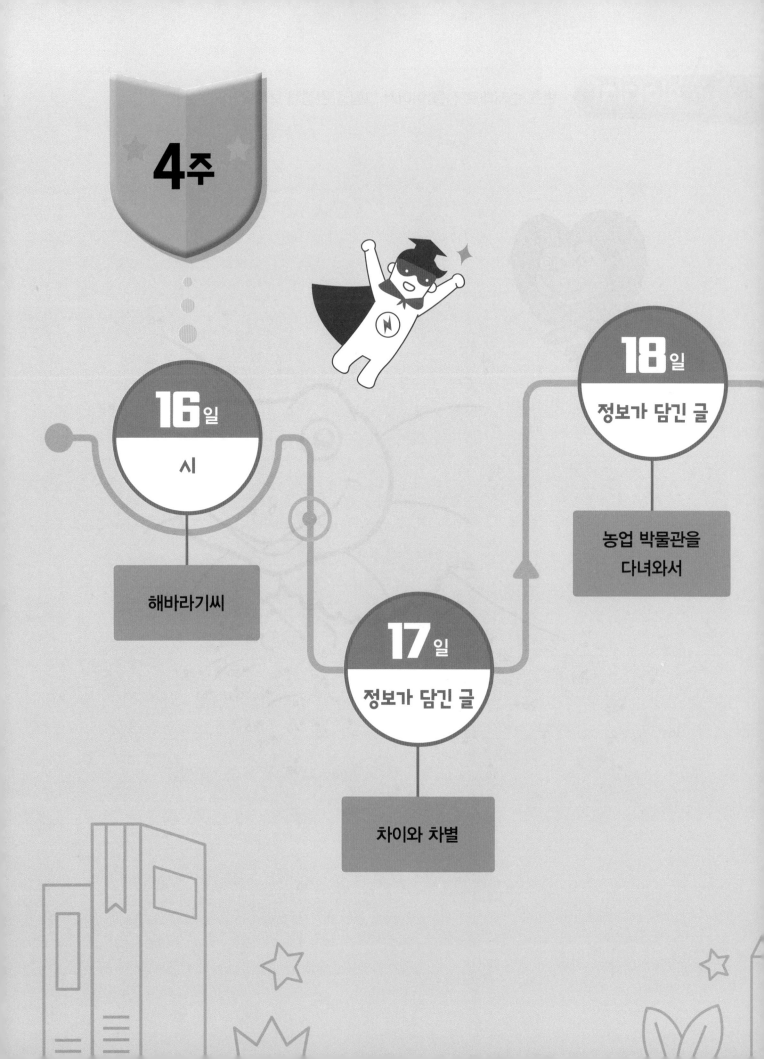

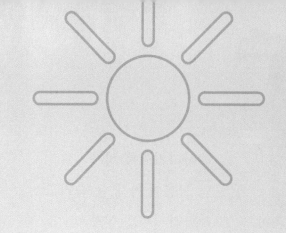

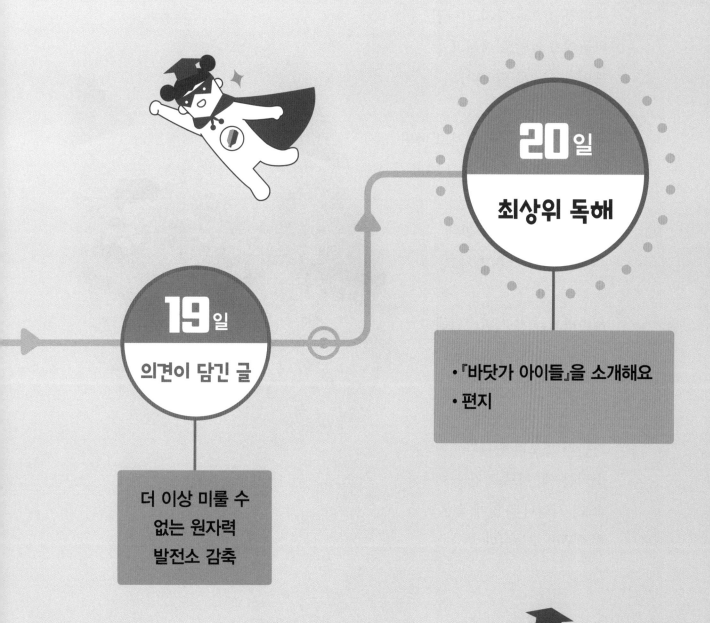

20일

최상위 독해

- 『바닷가 아이들』을 소개해요
- 편지

19일

의견이 담긴 글

더 이상 미룰 수
없는 원자력
발전소 감축

┌─────────────┐
│   ㉠   │
└─────────────┘

정지용

해바라기씨를 심자.
*담 모롱이 참새 눈 숨기고
해바라기씨를 심자.

누나가 손으로 다지고 나면
바둑이가 앞발로 다지고
*괭이가 꼬리로 다진다.

우리가 눈 감고 한 밤 자고 나면
이슬이 내려와 같이 자고 가고.

우리가 이웃에 간 동안에
㉡햇빛이 입 맞추고 가고.

해바라기는 첫 *시악시인데
사흘이 지나도 부끄러워
㉢고개를 아니 든다.

가만히 엿보러 왔다가
소리를 깩! 지르고 간 놈이—
오오, 사철나무 잎에 숨은
청개구리 고놈이다.

* 담 모롱이: 담이 구부러지거나 꺾어져 돌아간 자리를 뜻하는 '담 모퉁이'를 시에서 표현한 말.
* 괭이: '고양이'의 준말.
* 시악시: 갓 결혼한 여자를 뜻하는 '새색시'의 사투리.

1
주제

이 시의 중심 글감을 생각할 때, ㉠에 들어갈 알맞은 제목을 쓰세요.

(   )

2
짜임

이 시의 짜임에 대한 설명으로 알맞으면 ○표, 알맞지 <u>않으면</u> ×표 하세요.

(1) 6연 17행으로 이루어져 있다.   (   )

(2) 매 연마다 감탄하는 말을 사용했다.   (   )

(3) 공간의 변화에 따라 내용이 전개된다.   (   )

(4) 1연에서는 '해바라기씨를 심자'가, 2연에서는 '~가 ~로 다지고'가, 3연과 4연에서
   는 '우리가'와 '~고 가고'가 반복되어 쓰였다.   (   )

3
내용 이해

이 시에서 해바라기씨를 심고 돌보는 일에 도움을 주는 존재가 <u>아닌</u> 것을 두 가지 찾
아 ×표 하세요.

참새   누나   바둑이   괭이   이슬   햇빛   청개구리

4
어휘·표현

㉡과 같이 사람이 아닌 것을 사람인 것처럼 표현한 것은 무엇인가요? (   )

① 어린이는 미래다.   ② 나비가 날아간다.

③ 바람이 손을 흔든다.   ④ 누가 알까, 내 마음을.

⑤ 얼굴이 보름달처럼 둥글다.

5 추론

ⓒ의 뜻으로 알맞은 것은 무엇인가요? (   )

① 싹이 돋지 않았다.

② 해바라기 꽃이 시들었다.

③ 해바라기의 꽃대가 꺾여 있다.

④ 해바라기 잎이 서로 엉켜 있다.

⑤ 해바라기씨가 흙 밖으로 드러나 있다.

6 감상

이 시를 읽고 생각이나 느낌을 알맞게 말하지 <u>못한</u> 친구의 이름을 쓰세요.

경란: 작은 씨도 싹을 틔우려면 사람, 동물, 자연이 함께해야 한다는 것을 느꼈어.

세훈: 요즘 어린이는 전혀 경험할 수 없는 글쓴이만의 특별한 경험을 다루고 있어서 공감하기 어려워.

다미: 청개구리가 해바라기씨가 어떻게 되었는지 엿보러 왔다가 놀라서 소리를 지르고 갔다고 한 부분이 재미있어.

(   )

7 적용·창의

이 시와 다음 시의 공통된 분위기로 알맞은 것은 무엇인가요? (   )

바람이
숲속에 버려진 빈 병을 보았습니다.

"쓸쓸할 거야."

바람은 함께 놀아 주려고
빈 병 속으로 들어갔습니다.

병은
기분이 좋았습니다.

"보오 보오."

맑은 소리로
휘파람을 불었습니다.

문삼석, 「바람과 빈 병」

① 차갑다.   ② 정답다.   ③ 긴장된다.

④ 쓸쓸하다.   ⑤ 어수선하다.

📖 어휘력 강화

낱말의 뜻

1 다음 빈칸에 알맞은 낱말을 **보기**에서 골라 쓰세요.

> **◎보기◎** 가만히   다져야   엿보다가

(1) 집을 짓기 전에는 땅을 평평하게 (   ) 한다.

(2) 엄마는 아기가 깨지 않도록 (   ) 방을 나왔다.

(3) 친구의 답안지를 (   ) 선생님께 꾸중을 들었다.

부정 표현

2 **보기**처럼 밑줄 친 부분을 바꾸어 쓰세요.

> **◎보기◎** 언니가 고개를 <u>안 든다</u>. → 언니가 고개를 <u>들지 않는다</u>.

(1) 강아지가 밥을 안 먹는다. → 강아지가 밥을 (   ).

(2) 동생이 밤 늦게까지 안 잔다. → 동생이 밤 늦게까지 (   ).

관용어

3 빈칸에 들어갈 관용어로 알맞은 것은 무엇인가요? (   )

> 아이는 해바라기씨에서 싹이 났는지 궁금해 [   ] 꽃밭으로 달려간다.

① 눈만 뜨면   ② 다시 말하면   ③ 두말만 하면

④ 바꿔 말하면   ⑤ 같은 값이면

차이와 차별

1 어느 날, 세나가 자신의 꿈이 전투기 조종사라고 하자 한별이가 ㉠여자는 힘들어서 전투기 조종사를 못 한다고 했어요. 세나가 그건 차별이라고 했더니 한별이는 남자와 여자의 차이래요. 하루는 한별이와 세나가 놀이 기구를 타러 갔는데 아이들은 키를 재어야 한대요. 한별이는 ㉡놀이 기구를 탈 때 아이들의 키를 재는 것은 차별이라고 했더니 세나가 그건 차이래요. 도대체 누구 말이 옳을까요? 차이와 차별, 어떻게 다를까요?

2 차이는 서로 같지 않고 다른 것을 뜻해요. 세상에 사는 사람들은 사람이라는 점은 같지만 서로 다른 점이 매우 많아요. 성별, 키, 피부색, 눈과 머리의 색깔, 손발의 크기, 걸음걸이 등 신체적 특징뿐만 아니라 성격, 생각하는 방식, 감정을 나타내는 방법, 좋아하는 것, 재능, 언어, 종교, 문화 등이 서로 달라요. 이렇게 사람들이 서로를 구별할 수 있는 특성이 차이예요. 예를 들어 내 성격은 활달하고 친구의 성격은 조용한 것, 부탄에서 온 친구는 불교를 믿고 인도에서 온 친구는 힌두교를 믿는 것, 나는 왼손잡이이고 친구는 오른손잡이인 것 등이 모두 차이에 해당해요.

3 차별은 어떤 기준을 두어 대상을 구별하고 다르게 *대우하는 것을 뜻해요. 예를 들어 회사에서 나이가 많은 사람을 ㉢뽑지 않는 것은 나이 차별, 동네에 장애인을 위한 학교를 세우는 것을 반대하는 것은 장애인 차별, 좋은 대학을 나온 사람만 직원으로 뽑는 것은 학력 차별, 같은 일을 해도 여자 직원의 월급이 남자 직원보다 적은 것은 남녀 차별에 해당해요. ⟨   ㉣   ⟩ ㉤차별은 공정하지 못하고 한쪽으로 치우친 생각이나 의견, 즉 편견 때문에 나타나요. 나이가 많은 사람은 젊은 사람보다 일을 잘 못할 것이라는 편견, 장애인이 동네 *평판을 떨어뜨릴 것이라는 편견, 여자는 남자보다 능력이 떨어질 것이라는 편견 등이 차별을 만들어요.

4 나라에서는 평등하고 행복한 사회를 만들기 위해 차별을 금지하는 법과 제도를 새롭게 만들거나 고쳐 나가고 있어요. 그러나 법과 제도를 만들고 지키는 일보다 사람들이 서로의 차이를 이해하고 존중하는 노력이 더 필요해요. 내가 소중하듯 다른 사람도 소중하다는 마음가짐이 우리 사회에서 차별을 없애는 첫걸음이에요.

* 대우하는: 어떤 사회적 관계나 태도로 대하는.
* 평판: 세상 사람들의 비평.

1

짜임

다음 설명에 해당하는 문단의 번호를 모두 쓰세요.

> • 말의 뜻을 밝히고, 예를 들어 설명했다.
> • 설명 대상에 대한 자세한 내용이 나타나 있다.

(   )

2

내용 이해

㉠과 ㉡은 차이와 차별 중 무엇에 해당하는지 쓰세요.

(1) ㉠: (   )   (2) ㉡: (   )

3

어휘·표현

밑줄 친 낱말이 ㉢의 '뽑다'와 같은 뜻으로 쓰인 것은 무엇인가요? (   )

① 목을 길게 <u>뽑아</u> 창밖을 살폈다.
② 방금 <u>뽑은</u> 가래떡이 말랑말랑했다.
③ 우리는 투표를 해서 반장을 <u>뽑았다</u>.
④ 빈혈 검사를 하기 위해 피를 <u>뽑았다</u>.
⑤ 할머니의 머리에서 흰 머리카락을 <u>뽑아</u> 드렸다.

4

추론

㉣에 들어갈 뒷받침 문장으로 알맞은 것의 기호를 쓰세요.

> ㉮ 누구는 그림을 좋아하고 잘 그리지만 누구는 책 읽기를 좋아하고 글을 잘 써요.
> ㉯ 이외에도 피부색, 종교, 출신 지역 등에 따라 부당한 대우를 받는 것이 차별이에요.
> ㉰ 또 다양한 문화를 가진 사람들이 함께 어울릴 수 있는 자리를 마련하고 차별의 뜻이 담긴 말을 바꾸어 나가고 있어요.

(   )

5

비판

ⓒ에 대해 자신의 생각을 알맞게 말하지 <u>못한</u> 친구의 이름을 쓰세요.

> 기현: 나도 그 사람에 대해 제대로 알려고 하지 않고 부정적으로만 생각하는 편견 때문에 차별이 나타난다고 생각해.
>
> 채령: 차별은 편견이 아니라 지나친 겸손함 때문에 나타나. 사람들이 자신을 자랑스러워하는 마음을 가진다면 차별은 나타나지 않아.
>
> 태주: 차별은 편견뿐만 아니라 자신의 권리를 지키려고 할 때에도 나타나. 예를 들어 과거에 미국에서는 백인이 자신들이 누리는 권리를 계속 지키려고 흑인에게 선거권을 주지 않았어.

(   )

6

주제

이 글의 제목을 글쓴이의 생각이 드러나게 바꾸어 쓸 때 빈칸에 알맞은 말을 쓰세요.

• ⑴ (   )은/는 존중하고 ⑵ (   )은/는 거부해요

7

적용·창의

다음 광고에 담긴 생각으로 알맞은 것에 ○표 하세요.

 앉아서 일하는 건 마찬가지입니다

몸이 불편하다고 일할 수 있는 능력까지 없는 것은 아닙니다. 편견을 버리고 마음을 열면 한 명 한 명이 모두 귀한 일꾼입니다. 이제는 그들의 숨은 실력에 힘을 불어넣어 줍시다. **장애인과 더 많은 일자리를 나눌 때, 함께 사는 세상은 만들어집니다.**

kobaco 한국방송광고공사
공익광고협의회

⑴ 비장애인보다 장애인에게 더 많은 일자리를 주어야 한다.   (   )

⑵ 장애인과 비장애인의 차이를 인정하고 장애인을 배려하는 시설을 더 많이 만들어야 한다.   (   )

⑶ 장애인이 비장애인보다 못할 것이라는 편견을 버리고 그들의 능력에 따라 일할 기회를 주어야 한다.   (   )

낱말의 뜻

1 빈칸에 알맞은 낱말을 ◦보기◦에서 찾아 쓰세요.

> ◦보기◦   구별   대우   평판

⑴ 선생님께서는 학생들을 동등하게 (　　　　)하신다.

⑵ 어머니께서는 (　　　　)이/가 좋은 냉장고를 사셨다.

⑶ 쌍둥이 자매의 생김새가 똑같아서 언니와 동생을 (　　　　)하기가 어려웠다.

비슷한말

2 다음 문장에서 뜻이 비슷한 낱말을 두 가지 찾아 ○표 하세요.

> 성격, 생각하는 방식, 감정을 나타내는 방법, 좋아하는 것, 재능, 언어, 종교, 문화 등이 서로 달라요.

사자성어

3 다음 대화에서 해연이의 말에 어울리는 사자성어에 ○표 하세요.

> 용주: 연철이는 키가 작고 뚱뚱해서 우리 반 반장이 될 자격이 없어.
> 해연: 만약에 네가 반장 후보에 나갔는데 연철이가 네 생김새를 꼬투리 잡아 반장될 자격이 없다고 하면 네 기분은 어떨까?

⑴ 역지사지(易地思之) → 처지를 바꾸어서 생각하여 봄.   (　　　)

⑵ 소탐대실(小貪大失) → 작은 것을 탐하다가 큰 것을 잃음.   (　　　)

⑶ 자업자득(自業自得) → 자기가 저지른 일의 결과를 자기가 받음.   (　　　)

1 ㉠지난주 토요일에 아빠와 함께 농업 박물관을 다녀왔다. 내가 평소 농업을 다른 산업과 비교해 시시하게 여기자 아빠께서 농업 박물관 견학을 제안하셨다.

2 우리가 처음 견학한 곳은 1층에 있는 농업 역사관이었다. 이곳은 *선사 시대부터 오늘날에 이르기까지 우리나라 농업의 발달 과정과 농사와 관련된 유적 및 유물을 소개하고 있었다. 이곳을 견학하면서 ㉡우리나라에서는 지금으로부터 약 1만 년 전인 신석기 시대에 조, 수수 등을 재배하기 시작해 청동기 시대에 최초로 벼농사를 시작하였다는 것을 알게 되었다. 또 조선 시대에는 농업을 나라에서 가장 중요한 일로 여겼다는 것도 알게 되었다. 그리고 ㉮돌괭이, 갈판과 갈돌, 돌절구와 돌공이, 맷돌, 돌낫, 도리깨, 키, 수레, 지게, 탈곡기, 제초기, 거름통 등과 같은 옛날 농기구를 보았다. 옛날 농기구를 직접 보니 무엇에 쓰이는 도구인지 이해가 잘되었다.

3 다음으로 견학한 곳은 2층에 있는 농업 생활관이었다. 이곳은 농부들이 농사 짓고 생활하는 모습을 재현해 전시하고 있었다. 우리가 처음 본 것은 논과 밭의 사계절 모습이었다. 계절에 따라 개구리나 매미의 울음소리, 흥겨운 노랫소리가 흘러나와 ㉢마치 내가 논밭에 서 있는 것처럼 느껴졌다. 전통 농가와 장터의 모습도 흥미로웠다. 전통 농가에는 디딜방앗간, 안채, 부엌, 우물과 장독대, 사랑채, 외양간 등이 있고, 방아를 찧거나 새끼를 꼬는 등 각 방의 쓰임을 알려 주는 사람 모형이 놓여 있었다. ㉣전통 장터도 대장간, 옷감과 그릇을 파는 가게, 주막 등으로 꾸며져 있었다. 전통 농가와 장터를 보니 당시 사람들의 *희로애락이 느껴졌다.

4 마지막으로 견학한 곳은 지하 1층에 있는 농업 홍보관이었다. 이곳은 수확한 벼가 쌀이 되기까지의 과정, 쌀 관련 친환경 농사법, 미래 농업의 모습 등을 소개하고 있었다. 미래에는 로봇이 씨뿌리기부터 농산물 유통까지 모든 일을 담당할 것이라는 설명을 읽고 놀랐다.

5 이번 견학을 통해 농업은 과거와 현재뿐만 아니라 미래에도 중요한 산업임을 깨달았다. ㉤앞으로 쌀 한 톨, 사과 한 조각도 함부로 버리지 말아야겠다고 생각했다.

---

* 선사 시대: 문자로 된 기록이 없는 석기 시대와 청동기 시대.
* 희로애락: 기쁨과 노여움과 슬픔과 즐거움을 아울러 이르는 말.

1

짜임

이 글의 처음, 가운데, 끝부분에 해당하는 문단의 번호를 쓰세요.

처음	가운데	끝
(1)	(2)	(3)

2

내용 이해

㉠~㉤을 사실과 의견으로 구분해 기호를 쓰세요.

(1) 사실: (   )   (2) 의견: (   )

3

비판

㉮에 대해 알맞게 비판한 친구의 이름을 쓰세요.

> 신혜: 여러 가지 농기구 중에서 대표적인 것을 한두 개만 골라 만드는 방법을 자세히 설명해야 해.
>
> 세민: ㉮에 제시한 것들은 농사와 관련된 유물이 아니어서 농업 역사관에서 본 것이 맞는지 궁금해.
>
> 영근: 여러 가지 농기구를 땅을 고를 때 쓰는 도구, 곡식을 보관할 때 쓰는 도구 등 쓰임에 따라 분류했다면 이해하기가 훨씬 쉬웠을 거야.

(   )

4

어휘·표현

 처럼 두 낱말이 합쳐져서 만들어진 낱말이 <u>아닌</u> 것은 무엇인가요? (   )

> ○ 보기 ○
> 벼+농사 → 벼농사

① 돌낫   ② 논밭   ③ 거름통

④ 개구리   ⑤ 울음소리

5

다음은 어느 문단에 들어갈 내용으로 알맞은지 문단의 번호를 쓰세요.

> 이곳을 견학하면서 농가에서 수확한 벼는 건조한 뒤 저장하기, 벼의 겉껍질 벗기기, 쌀겨 벗기기, 이물질 골라내기, 포장하기 등의 과정을 통해 우리 식탁에 오르는 쌀이 된다는 것을 알게 되었다.

(   )

6

농업 박물관을 견학하고 나서 농업에 대한 글쓴이의 생각이 어떻게 바뀌었는지 빈칸에 알맞은 말을 쓰세요.

(   ) → (   )

7

이 글을 읽고 친구들에게 농업 박물관에 대해 <u>잘못</u> 소개한 친구의 이름을 쓰세요.

> 지유: 농업 홍보관을 둘러보면 과거에 우리 조상들이 어떻게 농사를 짓고 생활했는지 알 수 있어.
> 경훈: 농업 박물관의 지하 1층에는 농업 홍보관, 1층에는 농업 역사관, 2층에는 농업 생활관이 있어.
> 영민: 옛날 우리나라 농부들이 살던 집의 구조가 궁금해서 실제로 보고 싶은 사람은 농업 생활관에 가면 돼.

(   )

낱말의 뜻

1 밑줄 친 낱말이 알맞게 쓰인 것에 모두 ○표 하세요.

(1) 우리 가족은 더위를 피해 바닷가로 <u>견학</u>을 갔다.   (   )

(2) 가뭄으로 농작물 피해를 입은 <u>농가</u>를 돕기로 했다.   (   )

(3) 조선 시대의 궁궐을 <u>재현해</u> 놓은 곳에 관광객이 몰려들고 있다.   (   )

단위를 나타내는 말

2 빈칸에 알맞은 낱말을 〈보기〉에서 찾아 쓰세요.

> **◎보기◎**   단   톨   다발   조각

(1) 케이크 두 (   )과 우유를 먹었다.

(2) 쌀통에는 쌀이 한 (   )도 남아 있지 않았다.

사자성어

3 빈칸에 들어갈 사자성어로 알맞은 것에 ○표 하세요.

> 가족은   을/를 함께 겪으며 서로를 더 잘 이해하게 된다.

(1) 희로애락(喜怒哀樂) → 기쁨과 노여움과 슬픔과 즐거움을 아울러 이르는 말.   (   )

(2) 안분지족(安分知足) → 편안한 마음으로 자신의 분수를 지키며 만족할 줄을 앎.   (   )

(3) 연목구어(緣木求魚) → 나무에 올라가서 물고기를 구한다는 뜻으로, 도저히 불가
능한 일을 굳이 하려 함을 비유적으로 이르는 말.   (   )

원자력 발전소는 우라늄의 *원자핵이 쪼개지면서 발생하는 열에너지를 이용하여 전기를 생산하는 곳이다. 어떤 사람들은 석탄이나 천연가스보다 전기를 만드는 비용이 싸다는 점, 이산화 탄소를 배출하지 않아 지구 온난화 문제를 해결할 수 있다는 점 등을 들어 원자력 발전의 필요성을 주장하기도 한다. 하지만 1986년 우크라이나의 체르노빌과 2011년 일본의 후쿠시마에서 발생한 원자력 발전소 사고는 사람들에게 원자력 발전소에 대한 걱정을 넘어 공포감을 주고 있다. 이제부터라도 원자력 발전소를 줄여 나가야 한다. 그 까닭은 다음과 같다.

첫째, 원자력 발전소는 위험하다. 원자력 발전소는 사고가 났을 때 그 피해가 치명적이다. 세계 보건 기구가 2006년에 발표한 자료에 따르면 체르노빌 원자력 발전소 사고의 경우 9천 명이 넘는 사람들이 목숨을 잃었고, 도시 전체가 폐허로 변했으며, 30년이 지난 지금도 체르노빌 주변은 *방사능 수치가 높게 나타난다고 한다. 지진과 *지진 해일 때문에 일어난 후쿠시마 원자력 발전소 사고의 경우 방사능 물질이 외부로 흘러나와 땅과 물이 오염되었고 병에 걸린 사람의 수가 계속 늘어나고 있다.

둘째, 원자력 발전소에서 생산하는 전기는 싸지 않다. ○○ 대학교 △△△ 교수는 "현재 우리나라 원자력 발전의 가격에는 나중에 들 비용이 제대로 반영되어 있지 않다. 다시 말해 원자력 발전을 하면서 나오는 방사능 폐기 물질을 처리하는 비용과 수명이 다한 원자력 발전소를 철거할 때 드는 비용을 적게 계산했기 때문에 원자력 발전이 싼 것이다."라고 말했다.

원자력 발전을 찬성하는 사람들은 원자력 기술이 발전하면서 원자력 발전의 안전성도 더욱 높아질 것이므로 미리 겁먹을 필요가 없다고 말한다. 하지만 2020년에 두 차례 불어닥친 태풍 때문에 우리나라 원자력 발전소의 일부가 멈추는 사고가 일어났다. 이는 기상 이변으로 인한 ⓒ자연재해에 원자력 발전소가 더 이상 안전하지 않다는 것을 보여 준다. 인류와 생태계를 위협하는 원자력 발전소를 줄여 나가자.

* 원자핵: 원자의 중심부를 이루는 입자.
* 방사능: 라듐, 우라늄 등의 방사성 원소가 작은 입자로 부서지면서 인체에 해로운 전자파를 내쏘는 것.
* 지진 해일: 지진 때문에 갑자기 바닷물이 크게 일어서 육지로 넘쳐 들어오는 현상.

1

내용 이해

이 글의 내용으로 알맞으면 ○표, 알맞지 않으면 ×표 하세요.

⑴ 체르노빌 원자력 발전소 사고로 9천 명이 넘는 사람들이 죽었다.   (   )

⑵ 2020년에 태풍이 두 차례 불어닥쳤지만 우리나라 원자력 발전소는 모두 이상이
없었다.   (   )

⑶ 현재 우리나라 원자력 발전의 가격에는 방사능 폐기 물질의 처리 비용과 수명이
다한 원자력 발전소의 철거 비용이 제대로 반영되어 있지 않다.   (   )

2

비판

㉠의 부족한 점을 알맞게 말한 친구의 이름을 쓰세요.

> 도우: 방사능 물질이 사람에게 어떤 병을 일으키는지에 대해 자세히 설명했으면
> 좋겠어.
>
> 인경: 체르노빌이나 후쿠시마 원자력 발전소 사고 이후 각 나라의 정부가 어떻게
> 대처했는지에 대한 내용을 보충했으면 좋겠어.
>
> 태환: 체르노빌이나 후쿠시마 원자력 발전소와 우리나라 원자력 발전소의 차이점
> 을 설명해 우리나라 원자력 기술이 더 뛰어나다는 것을 밝혔어야 해.

(   )

3

짜임

㉡에서 근거를 든 방법은 무엇인가요? (   )

① 예를 들기   ② 속담 인용하기

③ 신문 자료 제시하기   ④ 통계 자료 제시하기

⑤ 전문가의 말을 인용하기

4

어휘·표현

㉢에 포함되는 말을 이 글에서 세 가지 찾아 쓰세요.

(   )

5

이 글에 덧붙일 근거로 알맞은 것의 기호를 쓰세요.

> ㉮ 원자력 발전소는 지역을 발전시킨다. 원자력 발전소가 건설되면 그 지역에 다양한 시설이 생기고 인구와 일자리가 늘어난다.
>
> ㉯ 원자력은 친환경 에너지가 아니다. 원자력 발전을 하기 위해 우라늄을 캐내고 운반하고 가공하는 과정, 발전소를 건설하고 철거하는 과정 등에서 온실가스가 배출된다.
>
> ㉰ 원자력 기술력이 약해질 수 있다. 원자력 발전이 지속적으로 이루어지지 않으면 우리나라가 지금까지 쌓아 온 뛰어난 원자력 기술력과 숙련된 인력을 더 이상 유지하기 힘들다.

(   )

6

주제

이 글의 제목으로 알맞은 것은 무엇인가요? (   )

① 원자력 발전만이 살 길이다
② 원자력 발전소 감축 결정은 누가
③ 우리가 몰랐던 원자력 발전의 세계
④ 더 이상 미룰 수 없는 원자력 발전소 감축
⑤ 우리나라 원자력 기술, 계속해서 발전해야 한다

7

적용·창의

글쓴이와 반대되는 주장을 펼치기 위해 개요를 짰습니다. ㉮~㉺ 중 알맞지 않은 것의 기호를 쓰세요.

서론	㉮ 세계적으로 원자력 발전소 건설을 계획하는 나라가 많음.
본론	㉯ 풍력, 조력, 태양열 등 신재생 에너지는 문제점이 있음. ㉰ 우리나라 원자력 발전소가 일부 지역에 6~8개씩 몰려 있음. ㉱ 전기 소비량이 급격히 늘어날 미래 사회에 원자력 발전을 대신할 에너지가 없음.
결론	㉲ 원자력 발전소를 줄이고자 했던 나라가 계획을 바꾸고 있음.

(   )

1 다음과 같은 뜻을 가진 낱말을 보기에서 찾아 쓰세요.

> **보기**
> 반영   치명적   폐허

(1) (   ): 생명을 위협하는 것.

(2) (   ): 건물이나 성 따위가 파괴되어 황폐하게 된 터.

(3) (   ): 다른 것에 영향을 받아 어떤 현상이 나타남. 또는 어떤 현상을
나타냄.

헷갈리기 쉬운 말

2 다음 문장에 알맞은 낱말을 (   ) 안에서 골라 ○표 하세요.

(1) 시간은 자정을 (너머, 넘어) 한 시가 되었다.

(2) 창문 (너머, 넘어) 푸른 바다가 펼쳐져 있다.

사자성어

3 밑줄 친 부분에 어울리는 사자성어에 ○표 하세요.

> 체르노빌과 후쿠시마 원자력 발전소 사고를 교훈 삼아 원자력 발전소 사고를 막
> 을 수 있는 근본적인 대책을 마련해야 한다.

(1) 복거지계(覆車之戒) → 남의 실패를 거울삼아 자기를 경계함을 이르는 말.

(   )

(2) 언행일치(言行一致) → 말과 행동이 하나로 들어맞음. 또는 말한 대로 실행함.

(   )

(3) 견강부회(牽强附會) → 이치에 맞지 않는 말을 억지로 끌어 붙여 자기에게 유리하
게 함. (   )

가

● 지문의 난이도
상 중 하

● 문제의 난이도
상 중 하

권정생은 수많은 사람에게 감동을 전하며 지금도 널리 읽히는 「강아지 똥」을 쓴 동화 작가이다. 그는 「강아지똥」처럼 보잘것없어 보이는 존재를 통해 희망을 전하는 동화를 많이 쓴 것으로 알려져 있다. 하지만 권정생은 전쟁의 아픔, 가난한 사람들의 삶 등을 그린 동화도 많이 썼는데, 이러한 동화는 그가 1988년에 펴낸 『바닷가 아이들』에서 만나 볼 수 있다.

㉮ 『바닷가 아이들』에는 총 15편의 동화가 실려 있다. 그 중 「곰이와 오푼돌이 아저씨」를 포함한 6편이 전쟁을 소재로 한 동화로, 권정생은 이 동화들에 통일에 대한 *염원을 담았다. 「곰이와 오푼돌이 아저씨」는 6·25 전쟁 때 죽어 치악산 골짜기에 묻힌 곰이라는 아이와 오푼돌이 아저씨가 밤에 깨어나 이야기를 나누는 내용으로, ㉠남과 북으로 갈라진 상황의 아픔과 슬픔을 이야기하고 있다. 「앵두가 빨갛게 익을 때」는 6·25 전쟁 때 인민군으로 남쪽에 내려왔다가 포로가 되어 남은 두 사내의 우정을 그린 동화이다.

이 밖에도 『바닷가 아이들』에는 가난한 사람들의 삶을 생생하게 전하는 동화, 재미와 웃음을 주는 동화 등도 실려 있다. 「중달이 아저씨네」는 가난한 중달이 아저씨의 가족이 자신들이 가진 것을 이웃과 나누고 거지 아이를 가족으로 맞아 함께 살아가는 내용이다. 어렵게 사는 이웃에게 자신은 밭이 두 개 있으니 하나를 나눠 주겠다고 말하는 중달이 아저씨의 말을 통해 나눔의 진정한 의미를 깨달을 수 있다. 「연이의 오월」은 외삼촌 집에 살아서 고양이를 키울 수 없는 연이와 오빠 영기의 가슴 아픈 *사연을 담았다. 이들 동화는 가난한 사람들의 *절망과 힘겨운 삶을 드러내 사람다운 세상은 어떤 세상인지, 그런 세상을 만들려면 우리가 어떻게 해야 하는지를 깊이 생각해 보게 한다. 한편, 「만구 아저씨가 잃어버렸던 돈지갑」은 만구 아저씨가 길에서 똥을 싸다가 흘린 돈지갑을 도깨비가 주워 소동을 벌이는 내용이다.

『바닷가 아이들』은 (㉡), 사람답게 사는 방법은 무엇인가 등의 의문을 가진 아이들이 읽어 보면 아이들 스스로 답을 찾는 데 도움이 될 것이다.

● 낱말 뜻

* 염원: 마음에 간절히 생각하고 기원함. 또는 그런 것.
* 사연: 일의 앞뒤 사정과 까닭.
* 절망: 바라볼 것이 없게 되어 모든 희망을 끊어 버림. 또는 그런 상태.

나
편지

손광세

우표를 붙이고
우체통에 넣으면
한 마리
비둘기가 된다.

비바람을 뚫고
어둠을 가르는
ⓒ깃이 하얀
비둘기.

산을 넘고
바다를 건너,
제주도로
남태평양의
*사모아로
훨훨 날아간다.

그러나
비둘기도
날아가지 못하는
북녘 하늘.

수천만 마리의
비둘기가
*겨레의 가슴속에서
파닥거린다.

• 손광세(1945~2017년)
시인. 1945년 일본에서 태
어나 광복과 함께 우리나
라에 돌아왔다. 1986년에
『동아일보』 신춘문예에 동
시 「허수아비」가 당선되었
으며, 「옹달샘」, 「나무들이」
등이 초등학교 교과서에
실렸다. 1991년에 한국 아
동 문학상, 1994년에 방정
환 문학상, 2020년에 한하
운 문학상을 받았다.

낱말 뜻

*사모아: 남태평양 사모아
제도에 있는 나라.
*겨레: 같은 핏줄을 이어받
은 민족.

1

짜임

글 **⑦**에서 글쓴이가 『바닷가 아이들』에 실린 동화들을 소개한 방법으로 알맞은 것에 ○표 하세요.

(1) 작가가 동화를 발표한 순서대로 소개했다. ( )

(2) 글쓴이가 감명 깊게 읽은 순서대로 소개했다. ( )

(3) 소재가 비슷하거나 같은 것끼리 묶어서 소개했다. ( )

2

내용 이해

시 **⑭**에서 ㉠이 가장 잘 나타난 연은 몇 연인지 쓰세요.

( )

3

추론

㉡에 들어갈 말로 알맞은 것을 두 가지 고르세요. ( )

① 통일을 왜 해야 하는가

② 돈은 어떻게 발달해 왔는가

③ 전쟁이 주는 고통은 무엇인가

④ 친구와 사이좋게 지내는 방법은 무엇인가

⑤ 바닷가에 사는 아이들의 생활 모습은 어떠한가

4

적용·창의

다음 대화에서 근우와 신혜가 읽으려는 동화는 무엇인지 글 **⑦**에서 찾아 쓰세요.

근우: 난 재미있는 동화가 좋아. 재미있는 동화를 읽으면 기분이 좋아지거든. 도깨비가 과연 어떤 소동을 벌이는지 무척 궁금해.

신혜: 욕심 부리지 않고 자신이 가진 것에 만족하며 나눔을 실천하는 인물이 나오는 동화를 읽고 싶었는데 이 동화를 읽으면 되겠어.

(1) 근우: ( )

(2) 신혜: ( )

5 다음 글에서 ㉢과 같은 감각적 표현이 쓰인 곳을 두 군데 찾아 쓰세요.

어휘·표현

> 버스가 따뜻한 봄바람을 맞으며 달린다. 버스 안은 왁자지껄한 사람들의 말소리, 라디오에서 흘러나오는 흥겨운 노랫소리, 고소한 참기름 냄새, 비릿한 생선 냄새가 한데 섞여 정신이 하나도 없다. 이렇게 구불구불한 산길을 한참 더 달리면 그리운 고향 집이 있다. 내 마음은 벌써 빨간 기와를 인 집에 도착한 것처럼 푸근하고 넉넉하다.

(   )

6 시 **나**의 주제는 무엇인지 **㉮**에서 찾아 쓰세요.

주제

(   )

7 다음은 시 **나**에 대해 평가한 글입니다. 빈칸에 알맞은 말을 쓰세요.

적용·창의

> 시 「편지」는 손광세 시인이 쓴 동시로, (1) (   )(으)로 짜여 있다. 처음에 「편지」라는 제목을 읽고 이 시가 친구나 가족에게 마음을 전하는 내용이라고 생각하는 사람들이 많을 것이다. 그런데 이 시에서 말하는 이는 더 깊은 주제를 전하고 있다.
> 이 시에서는 우표를 붙이고 우체통에 넣은 편지가 (2) (   ) 이/가 되어 산을 넘고 바다를 건너 세상 곳곳으로 날아간다고 표현한 점이 새롭다. 왜 참새도 아니고 까치도 아니고 매도 아닌 흰 비둘기일까? 그것은 흰 비둘기가 바로 (3) (   )을/를 상징하는 새이기 때문일 것이다. 시에서 말하는 이는 분단의 아픔을 아프다고만 말하고 끝내지 않았다. 5연에서 우리 겨레가 언젠가 하나가 되리라는 의지와 (4) (   )을/를 나타냈다.

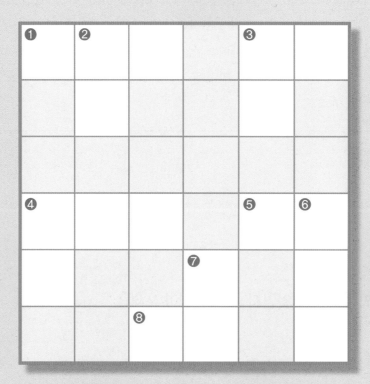

가로 →

❶ 항공기를 일정한 방향과 속도로 움직이도록 다루는 기능과 자격을 갖춘 사람.

❸ 농사를 본업으로 하는 사람의 집. 또는 그런 가정. ㉄ ○○에 일손이 부족하다.

❹ 쇠를 달구어 온갖 연장을 만드는 곳. ㉄ ○○○에서 망치 소리가 났다.

❺ 마음에 간절히 생각하고 기원함. 또는 그런 것. ㉄ 오랜 ○○이 이루어졌다.

❽ 둘 이상의 대상을 각각 등급이나 수준 따위의 차이를 두어서 구별함. ㉄ 남녀 ○○

세로 ↓

❷ 신을 믿고 섬기면서 마음의 평화와 행복을 얻으려는 일. 또는 그런 믿음의 체계나 가르침. ㉄ ○○의 자유

❸ 농사를 짓는 일. 또는 농사를 짓는 직업.

❹ 어떤 사회적 관계나 태도로 대하는 일. ㉄ 차별 ○○를 받았다.

❻ 원자의 중심부를 이루는 입자. ㉄ ○○○이 쪼개지면서 열에너지가 발생한다.

❼ 성질이나 종류에 따라 차이가 남. 또는 성질이나 종류에 따라 갈라놓음. ㉄ 공과 사의 ○○

정답 및 해설 16쪽에서 확인하세요.

번호 순서대로 점을 이어서 그림을 완성해 보세요.

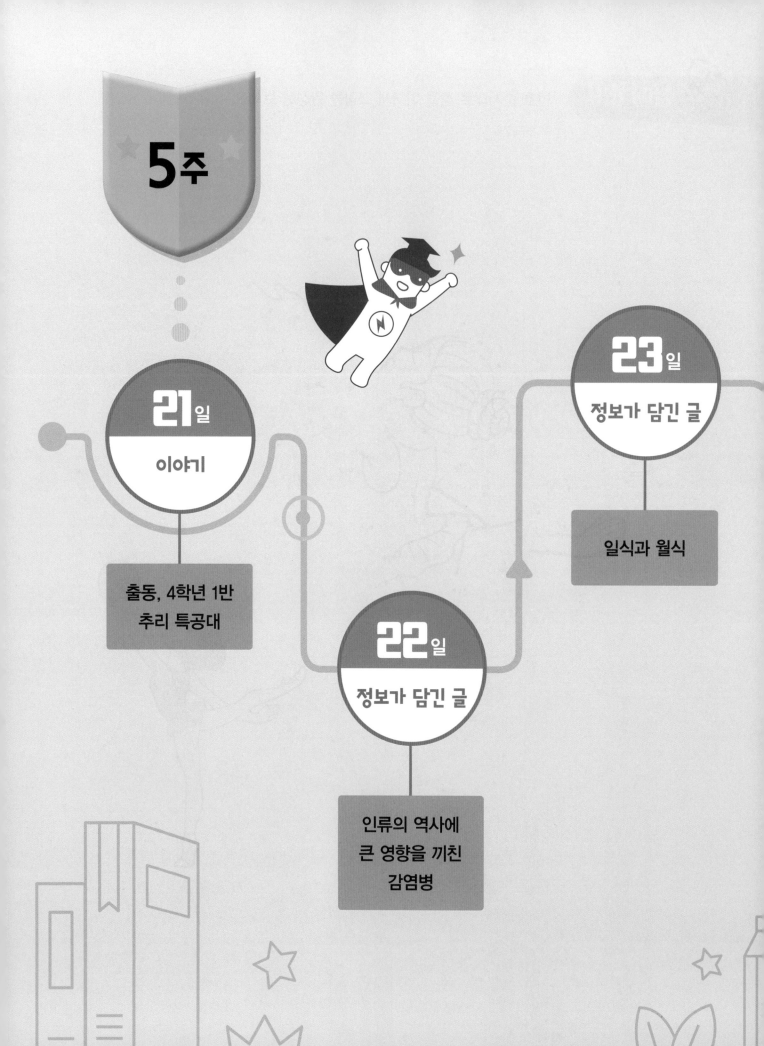

5주

21일
이야기

출동, 4학년 1반
추리 특공대

22일
정보가 담긴 글

인류의 역사에
큰 영향을 끼친
감염병

23일
정보가 담긴 글

일식과 월식

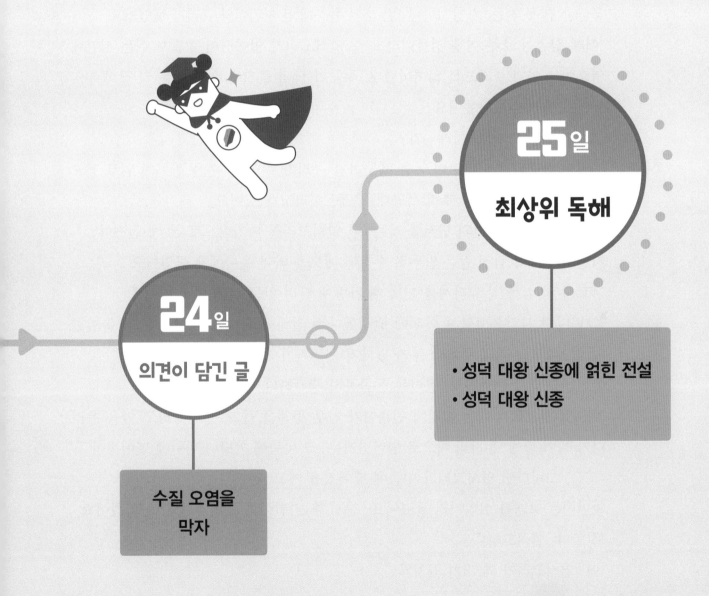

25일

최상위 독해

• 성덕 대왕 신종에 얽힌 전설
• 성덕 대왕 신종

24일

의견이 담긴 글

수질 오염을
막자

출동, 4학년 1반 추리 특공대

"이게 어디로 갔지? 아까까지 있었는데……."

수업이 끝나고 다들 책가방을 싸느라 바쁜 그때, 윤아가 아까부터 뭔가를 찾고 있었어요.

"무슨 일이야? 뭐가 없어졌는데?"

궁금한 건 못 참는, 자칭 '4학년 1반 추리 특공대'인 지민이와 규리가 물었지요.

"어제 삼촌이 호주 여행 선물이라고 준 열쇠고리가 없어졌어. 2교시 쉬는 시간에 영훈이도 아끼는 샤프를 잃어버렸대. 누군가 남의 물건에 손을 대는 것 같아."

윤아가 울먹이며 말했어요.

"그렇담 우리가 나설 차례인가?"

지민이가 규리를 바라보며 눈을 찡긋하자 규리가 주먹 쥔 손을 힘차게 위로 뻗으며 "당연하지! 4학년 1반 추리 특공대, 출동!"이라고 외쳤어요.

"추리의 핵심은 사건의 *단서를 찾는 것! 열쇠고리를 마지막으로 본 게 언제야?"

지민이가 제법 탐정 같은 말투로 수첩에 메모를 하며 윤아에게 물었어요.

"4교시 국어 시간! 교과서를 꺼낼 때 가방에 달려 있는 걸 분명히 봤어."

"그렇다면 사건은 4교시 이후에 발생했다는 건데……. 4교시 이후에 뭐 특별한 일 없었어? 네 자리 주변에 누가 왔다거나 뭔가가 가방에 부딪혔다거나……."

이번엔 규리가 물었지요. 윤아는 ㉠곰곰히 생각하다 무릎을 탁 쳤어요.

"아, 맞다! 4교시 쉬는 시간에 민준이가 찬우 공책을 들고 뺏어 보라고 약을 올리다가 둘이 함께 내 자리 쪽으로 넘어졌거든. 그 바람에 가방이 바닥에 떨어졌어."

㉡"음, 그렇다면 열쇠고리가 이쯤에 떨어졌을 거고 ……."

지민이는 고개를 이리저리 돌렸어요. 잠시 후 지민이와 규리가 동시에 외쳤어요.

"찾았다, 열쇠고리!"

"어, 열쇠고리가 왜 저기 있지?"

"   ㉢   "

지민이의 설명을 듣고 윤아는 친구들을 의심한 자신이 부끄럽게 느껴졌답니다.

---

*단서: 어떤 문제를 해결하는 방향으로 이끌어 가는 일의 첫 부분.

1

짜임

이 글의 짜임에 대한 설명으로 알맞은 것에 ○표 하세요.

(1) 사건이 일어나는 장소가 계속 바뀌고 있다.   (   )

(2) 중심 사건을 해결하지 못한 채로 이야기가 끝났다.   (   )

(3) '어제 → 2교시 쉬는 시간 → 4교시 쉬는 시간 → 수업이 끝난 후'의 차례대로 사건을 정리할 수 있다.   (   )

2

내용 이해

이 글의 중심 사건은 무엇인가요? (   )

① 민준이가 찬우를 약 올린 일

② 윤아가 열쇠고리를 잃어버린 일

③ 삼촌이 윤아에게 열쇠고리를 준 일

④ 영훈이가 아끼던 샤프를 잃어버린 일

⑤ 지민이와 규리가 자신들을 추리 특공대라고 부른 일

3

어휘·표현

㉠을 맞춤법에 맞게 고쳐 쓰세요.

(   )

4

적용·창의

㉡을 희곡으로 바꾸어 쓸 때 빈칸에 알맞은 말은 무엇인가요? (   )

> 지민: (   ) 음, 그렇다면 열쇠고리가 이쯤에 떨어졌을 거고…….

① 맞장구를 치며   ② 귀찮다는 듯이

③ 성난 목소리로   ④ 생각에 잠기며

⑤ 비웃는 표정으로

©에 들어갈 말로 가장 알맞은 것은 무엇인가요? (   )

① 찬우가 탐이 나서 몰래 훔쳐 간 것 같아.

② 민준이가 윤아 열쇠고리로 찬우를 놀린 것 같아.

③ 민준이가 윤아를 좋아해서 일부러 넘어진 것 같아.

④ 규리가 윤아를 미워해서 열쇠고리를 일부러 멀리 던진 것 같아.

⑤ 가방에서 떨어진 걸 애들이 모르고 발로 차서 여기까지 밀려와 있었던 것 같아.

이 글의 주제로 가장 알맞은 것은 무엇인가요? (   )

① 물건을 아껴 쓰자.   ② 남을 의심하지 말자.

③ 친구와 싸우지 말자.   ④ 어려움에 처한 사람을 돕자.

⑤ 궁금한 것은 그냥 넘어가지 말자.

채원이와 성빈이 중 누구의 말이 더 옳다고 생각하는지 그 까닭과 함께 쓰세요.

증거도 없이 친구를 의심한 윤아의 태도가 잘못이라고 생각해. 증거가 없다면 훔쳐 가지 않았을 가능성도 크기 때문이야.

채원

친구를 의심한 윤아의 태도가 잘못이라고는 생각하지 않아. 왜냐하면 윤아는 영훈이가 샤프를 잃어버린 일이 그 증거라고 생각했기 때문이야.

성빈

• (1) (   )의 말이 더 옳다고 생각한다. 왜냐하면 (2) _____

_____ 때문이다.

어휘력 강화

낱말의 뜻

1 다음 문장에 알맞은 낱말을 ( ) 안에서 골라 〇표 하세요.

⑴ 그 학생은 (핵심, 열심)에서 벗어난 질문들만 계속하였다.

⑵ 사건 현장에서 (단서, 단정)이/가 될 만한 물건은 하나도 찾지 못하였다.

⑶ 내 빵을 먹은 사람이 오빠일 것이라는 나의 (추적, 추리)은/는 완전히 빗나가고 말았다.

포함하는 말

2 다음 낱말들을 모두 포함하는 말에 〇표 하세요.

⑴

| 눈 | 손 | 입 | 발 | 팔 | 고개 |

(신체, 물체, 약체)

⑵

| 책가방 | 샤프 | 수첩 | 연필 | 공책 |

(화장품, 학용품, 창작품)

속담

3 다음 내용과 관련 있는 속담에 〇표 하세요.

> 하필이면 영훈이의 샤프가 없어진 날, 윤아의 열쇠고리도 없어졌다.

⑴ 백지장도 맞들면 낫다 → 쉬운 일이라도 협력하여 하면 훨씬 쉽다는 말. (   )

⑵ 까마귀 날자 배 떨어진다 → 아무 관계 없이 한 일이 공교롭게도 때가 같아 어떤 관계가 있는 것처럼 의심을 받게 됨을 비유적으로 이르는 말. (   )

1 전 세계적으로 코로나바이러스감염증-19가 확산되면서 감염병에 대한 사람들의 관심이 높아졌다. 감염병은 세균, 바이러스, 곰팡이 등의 병원체가 우리 몸에 들어와서 일으키는 병을 말한다. 감염병 중에는 인류의 역사에 큰 영향을 끼친 것도 있는데, 페스트, 천연두, 스페인 독감이 바로 그것이다.

2 페스트는 페스트균에 감염된 쥐벼룩에 물려 걸린다. 피부가 검게 썩으며 죽음을 맞는다고 해서 페스트를 검은 죽음이라는 뜻의 '흑사병'이라고도 부른다. 이 병은 *중세 시대에 유럽에서 크게 유행했다. 1347년에 유럽에 전파된 페스트는 1351년까지 유럽 인구의 3분의 1가량을 죽음에 이르게 했다. 당시 유럽은 넓은 땅을 가진 영주가 자신의 땅에서 일하는 농민을 지배하는 봉건제 사회였다. 그런데 페스트로 수많은 농민이 죽어 일할 사람이 갑자기 줄어들자 (㉠) 봉건제가 무너지기 시작했다. 결국 중세 시대가 끝나고 새로운 시대가 시작되었다.

3 천연두는 천연두 바이러스가 일으키는 병이다. 천연두는 1796년에 치료법이 개발되기 전까지는 환자 10명 중에 3명, 많게는 9명까지 죽는 무서운 병이었다. 500여 년 전에 멕시코의 아스테카 왕국이 멸망한 것도 천연두 때문이었다. 1519년에 스페인의 코르테스가 군대를 이끌고 아스테카 왕국을 침입했는데, 스페인 군사가 천연두를 옮겨 *원주민들이 *속수무책으로 목숨을 잃었다. 원주민들은 스페인 군사와 달리 천연두에 대해 면역이 되지 않았기 때문이다. 결국 1521년에 코르테스는 500여 명의 군사로 인구 500만 명에 달했던 아스테카 왕국을 차지했다.

4 스페인 독감은 인플루엔자 바이러스 A형이 일으키는 병이다. 이 병은 제1차 세계 대전이 끝날 무렵인 1918년에 처음 발생해 2년 동안 약 5천만 명의 목숨을 앗아갔다. 역사상 가장 짧은 시간에 가장 많은 사망자를 낸 스페인 독감으로 인해 전쟁도 서둘러 끝나게 되었다. 당시 우리나라에서는 스페인 독감을 '무오년 독감'이라고 불렀으며, 인구의 절반가량인 740만여 명이 감염되고 그중에서 14만여 명이 사망했다. 한편, '스페인 독감'이라는 이름은 당시 스페인 언론에서 새로운 독감에 대해 처음 알렸기 때문에 (㉡) 한다.

*중세: 역사의 시대 구분의 하나로, 고대에 이어 근대에 앞선 시기.
*원주민: 그 지역에 본디부터 살고 있는 사람들.
*속수무책: 손을 묶은 것처럼 어찌할 도리가 없어 꼼짝 못 함.

1

주제

이 글의 제목으로 알맞은 것은 무엇인가요? (   )

① 감염병에 대한 오해와 진실

② 감염병이 인류에게 보내는 경고

③ 코로나바이러스감염증-19의 위험성

④ 감염병을 정복하기 위한 인간의 노력

⑤ 인류의 역사에 큰 영향을 끼친 감염병

2

짜임

②~④문단은 모두 어떤 내용으로 이루어져 있는지 알맞은 것의 기호를 쓰세요.

㉮ 뜻 – 이름의 유래 – 병의 증상

㉯ 병원체의 특징 – 감염 과정 – 치료법

㉰ 감염 원인 – 피해 상황 – 역사에 끼친 영향

(   )

3

추론

㉠에 들어갈 문장으로 알맞은 것에 ○표 하세요.

(1) 영주가 농민의 땅을 빼앗는 일이 많아져   (   )

(2) 농민의 힘은 커지고 영주의 힘은 약해져   (   )

(3) 다른 대륙에서 유럽으로 건너오는 사람들이 많아져   (   )

4

어휘·표현

다음 뜻을 가진 낱말을 ③문단에서 찾아 쓰세요.

사람이나 동물의 몸 안에 들어온 균이나 바이러스에 대하여 항체가 만들어져, 같은 균이나 바이러스가 일으키는 병에 걸리지 않는 현상.

(   )

5

어휘·표현

ⓛ에 들어갈 알맞은 낱말에 ○표 하세요.

부쳐졌다고   붙여졌다고

6

내용 이해

이 글을 읽고 새로 알게 된 내용을 정리했습니다. 밑줄 친 부분 중 잘못 정리한 것을 세 가지 찾아 바르게 고쳐 쓰세요.

> • 페스트는 바이러스가, 천연두는 세균이, 스페인 독감은 인플루엔자 바이러스 A형이 일으키는 병임.
> • 페스트로 중세 시대가 끝났고, 천연두로 스페인이 멸망했으며, 스페인 독감으로 제1차 세계 대전이 서둘러 끝남.

(1) (   ) → (   )

(2) (   ) → (   )

(3) (   ) → (   )

7

적용·창의

다음 글에 나타난 '코로나바이러스감염증−19'에 대한 글쓴이의 생각으로 알맞은 것에 ○표 하세요.

> 코로나바이러스감염증−19(이하 코로나 19)의 확산으로 세계가 공포에 떨고 있다. 코로나 19로 이미 280만 명 이상의 사람들이 사망했고, 사망자는 더 늘어날 것으로 예상된다. 또 침체된 세계의 경제, 사회, 문화 등은 언제 다시 살아날지 의문이다. 하지만 너무 두려워하지 말자. 페스트가 휩쓸고 간 뒤에 새로운 시대가 찾아왔고, 콜레라가 유행한 뒤에는 세계 주요 도시의 상하수도가 정비되었다. 또 감염병이 의학의 발전을 이끌어 천연두가 뿌리 뽑혔고, 독감 백신이 개발되었다. 우리가 하나 되어 지혜를 모은다면 코로나 19도 더 나은 세상을 만드는 기회로 만들 수 있다.

(1) 현대 의학 기술로는 정복할 수 없다.   (   )

(2) 더 나은 세상을 만드는 기회가 될 수 있다.   (   )

(3) 세계의 정치, 경제, 사회, 문화가 발전하는 데 걸림돌이 될 뿐이다.   (   )

낱말의 뜻

1 다음 문장에 알맞은 낱말을 ( ) 안에서 골라 ○표 하세요.

⑴ 병균에 (감염되지, 감전되지) 않으려면 위생에 신경 써야 한다.

⑵ 이 영화는 환경 오염으로 지구가 (멸시하는, 멸망하는) 내용이다.

⑶ 유럽 사람들은 아메리카 대륙에 살고 있던 (원주민, 이주민)을 몰아냈다.

기본형

2 다음 ㉠과 ㉡의 기본형을 쓰세요.

> 페스트는 피부가 검게 ㉠썩으며 죽음을 ㉡맞는다고 해서 검은 죽음이라는 뜻의 '흑사병'이라고도 부른다.

⑴ ㉠: (   )   ⑵ ㉡: (   )

사자성어

3 빈칸에 들어갈 사자성어로 알맞은 것에 ○표 하세요.

> 강물이 넘쳐 집과 논밭을 덮치는 모습을 ▨▨▨▨▨▨(으)로 바라볼 수밖에 없었다.

⑴ 속수무책(束手無策) → 손을 묶은 것처럼 어찌할 도리가 없어 꼼짝 못 함. (   )

⑵ 속전속결(速戰速決) → 싸움을 오래 끌지 아니하고 빨리 몰아쳐 이기고 짐을 결정 함.   (   )

⑶ 구사일생(九死一生) → 아홉 번 죽을 뻔하다 한 번 살아난다는 뜻으로, 죽을 고비 를 여러 차례 넘기고 겨우 살아남을 이르는 말.   (   )

1 태양과 지구, 달이 펼치는 우주 쇼에 대해 들어 봤나요? 지구는 태양의 둘레를, 달은 지구의 둘레를 돌다가 태양, 지구, 달이 *일직선으로 나란히 놓일 때가 있어요. 이때 태양과 지구와 달이 어떤 순서로 놓이느냐에 따라 지구에서는 달이나 해가 보이지 않는 우주 쇼가 펼쳐져요.

2 태양-달-지구의 순서로 나란히 놓이면 달이 태양을 ㉠가려 지구에서는 태양의 일부나 전부가 보이지 않게 돼요. 이 현상을 '일식'이라고 해요.

3 일식은 태양이 달에 가려지는 정도에 따라 개기 일식, 부분 일식, 금환 일식으로 나눌 수 있어요. 개기 일식은 달이 태양을 완전히 가리는 것이고, 부분 일식은 달이 태양의 일부만 가리는 것이에요. 금환 일식은 달이 태양의 가운데만 가리는 것으로, 태양이 고리 모양으로 보여요.

▲ 개기 일식

4 일식은 1년에 2~5번 정도 일어나지만 지구상에서 일식을 *관측할 수 있는 곳은 매우 드물어요. 달의 그림자가 지구보다 훨씬 작기 때문이에요. 우리나라의 경우 1887년 8월 19일에 개기 일식을 볼 수 있었고, 이후에는 한 번도 볼 수 없었어요. 부분 일식은 여러 차례 일어났는데, 최근에는 2020년 6월 21일에 일어났어요.

5 태양-지구-달의 순서로 나란히 놓이면 달이 지구의 그림자에 가려져 지구에서 달의 일부나 전부가 보이지 않게 돼요. 이 현상을 '월식'이라고 해요. 달은 스스로 빛을 낼 수 없지만 태양 빛을 반사시키기 때문에 빛이 나는 것처럼 보여요. 하지만 태양 빛이 지구에 가려지면 달에 어두운 그림자가 생겨요.

6 월식은 보름달일 때만 일어나는데 달이 가려지는 정도에 따라 개기 월식과 부분 월식으로 나눌 수 있어요. 개기 월식은 달이 지구의 그림자에 완전히 가려져 어둡게 보이고, 부분 월식은 지구의 그림자에 달의 일부분이 가려져 보여요.

▲ 개기 월식

7 월식은 1년에 2~3번 정도 일어나요. 그리고 지구의 그림자가 달보다 훨씬 크기 때문에 밤이면 어느 곳에서나 관측할 수 있어요. 최근 우리나라에서 개기 월식은 2018년 7월 27일에, 부분 월식은 2019년 7월 16일에 관측되었어요.

*일직선: 한 방향으로 쭉 곧은 줄. 또는 그런 형태.
*관측할: 자연 현상을 기계를 이용하거나 눈으로 자세히 살펴보아 어떤 사실을 짐작하거나 알아 낼.

1
짜임

①~⑦문단을 크게 세 부분으로 나눌 때 알맞은 문단의 번호를 쓰세요.

첫 번째 부분	두 번째 부분	세 번째 부분
⑴	⑵	⑶

2
어휘·표현

밑줄 친 낱말이 ㉠과 같은 뜻으로 쓰인 것을 모두 고르세요. (   )

① 구름이 해를 가려 날이 흐렸다.

② 너무 창피해서 손으로 얼굴을 가렸다.

③ 우승 팀을 가리는 경기가 시작되었다.

④ 누가 옳고 그른지 한번 가려 보자고 했다.

⑤ 큰 건물이 창문을 가려서 햇빛이 들어오지 않는다.

3
내용 이해

다음은 무엇에 대한 설명인지 쓰세요.

⑴ 달이 태양의 일부만 가리는 것이다.   (   )

⑵ 달이 지구의 그림자에 완전히 가려져 어둡게 보인다.   (   )

⑶ 달이 태양의 가운데만 가려 태양이 고리 모양으로 보인다. (   )

4
추론

다음 내용이 들어가기에 알맞은 문단은 어디인가요? (   )

> 개기 월식이 일어날 때는 달이 붉게 보여요. 그 까닭은 태양 빛이 지구의 둘레를 둘러싸고 있는 공기층을 통과하면서 붉은색만 꺾여 달 표면에 닿은 뒤 다시 반사되기 때문이에요.

① ①문단   ② ③문단   ③ ④문단

④ ⑤문단   ⑤ ⑥문단

5 비판

이 글을 읽고 일식과 월식에 대해 바르게 말하지 <u>못한</u> 친구의 이름을 쓰세요.

> 해준: 개기 월식이 일어나면 지구에서는 달이 보이지 않지만 달에서는 지구가 태양을 가려 태양이 보이지 않겠구나.
>
> 소미: 일식은 관측하기가 쉽지만 월식은 관측할 수 있는 곳이 매우 드물어서 사람들은 일식보다 월식을 더 신기해할 것 같아.
>
> 창영: 일식은 태양의 일부나 전부가 보이지 않는 현상이니까 낮에 관측할 수 있고, 월식은 달의 일부나 전부가 보이지 않는 현상이니까 밤에 관측할 수 있겠구나.

(   )

6 주제

이 글의 중심 내용으로 알맞은 것에 ○표 하세요.

(1) 지구는 태양의 둘레를 돌고, 달은 지구의 둘레를 돈다. (   )

(2) 우리나라에서는 개기 일식이 지금껏 한 번 일어났지만, 개기 월식은 최근에도 일어났다. (   )

(3) 일식은 달이 태양을 가리는 현상이고, 월식은 달이 지구의 그림자에 가려지는 현상이다. (   )

7 적용·창의

다음에서 알 수 있는 옛사람들의 생각으로 알맞은 것에 모두 ○표 하세요.

> • 세종은 "일식과 월식에는 규칙성이 있으나 임금이 덕을 닦으면 당연히 일어날 일식과 월식이 일어나지 않을 수 있다."라고 적힌 책을 읽고 책에 적힌 내용이 옳다고 말했다.
>
> • 조선 시대에는 일식이나 월식이 있을 때 재앙이 일어나는 것을 막기 위해 임금이 대궐 뜰에 나와서 해나 달이 다시 나올 때까지 기도했다. 각 관청에서는 관리가 제사 때 입는 옷을 입고 기도를 올렸다.

(1) 일식과 월식은 시간이 지나면 해결된다고 생각했다. (   )

(2) 일식과 월식을 불길한 일이 일어날 징조로 생각했다. (   )

(3) 일식과 월식이 임금의 덕이 부족해서 일어난다고 생각했다. (   )

어휘력 강화

낱말의 뜻

1 빈칸에 알맞은 낱말을 보기에서 찾아 쓰세요.

> **보기**
>
> 관측   최근   일직선

(1) (   )에 문을 연 도서관은 넓고 깨끗했다.

(2) 골목을 벗어나자 (   )으로 뻗은 도로가 나왔다.

(3) 천문대에는 별을 (   )할 수 있는 천체 망원경이 마련되어 있었다.

띄어쓰기

2 밑줄 친 부분의 띄어쓰기가 바른 것의 기호를 쓰세요.

(1)
  ㉮ 언니를 <u>만날수</u> 없었다.
  ㉯ 언니를 <u>만날 수</u> 없었다.
  (   )

(2)
  ㉮ 내가 두 친구를 <u>화해시켰다.</u>
  ㉯ 내가 두 친구를 <u>화해 시켰다.</u>
  (   )

관용어

3 다음 빈칸에 들어갈 관용어로 알맞은 것은 무엇인가요? (   )

> 일 년 전부터   부분 일식을 볼 수 있어서 행복했다.

① 뜬구름을 잡던   ② 나 몰라라 하던
③ 손꼽아 기다리던   ④ 호흡을 같이하던
⑤ 판에 박은 듯하던

요즘 지구촌 곳곳에서 수질 오염으로 인한 피해가 심각해지고 있다. 수질 오염이란 하천이나 바닷물이 오염되어서 이용할 수 없거나 생활에 피해를 주는 상태를 말한다. 유엔 환경 계획이 2016년에 발표한 자료에 따르면 전 세계 인구 중 3억여 명이 오염된 식수를 마시고 있고, 해마다 340만 명이 *수인성 전염병으로 숨진다고 한다. 오염된 물은 생태계에도 큰 영향을 미친다. ㉠*기형 물고기가 생기고, 물고기들이 떼죽음을 당하기도 한다. 또 ㉡동식물에 해로운 자외선을 흡수하는 오존층이 파괴되어 피부암에 걸리는 사람이 늘고, 식물도 잘 성장할 수 없게 된다.

수질 오염은 가정에서 버리는 생활 하수, 공장에서 버리는 산업 폐수, *축사에서 버리는 축산 폐수 등으로 인해 발생한다. 이 중에서 생활 하수 때문에 발생하는 양이 가장 많다. 따라서 수질 오염을 막기 위한 각 가정의 노력이 절실히 필요하다. 각 가정에서는 수질 오염을 막기 위해 다음과 같은 일을 실천해야 한다.

첫째, 합성 세제를 적게 사용하자. 합성 세제에는 물속 생물을 죽게 하는 독성 물질이 들어 있다. 그리고 합성 세제의 거품은 산소가 물속에 녹아 들어갈 수 없게 하고 햇빛을 차단해 하천의 자정 능력을 떨어뜨린다. 또 합성 세제에 들어 있는 인은 식물성 플랑크톤을 너무 많이 생기게 한다. 물속에 식물성 플랑크톤이 너무 많으면 물속의 산소가 모자라 물속 생물들이 죽고, 죽은 생물들이 썩으면서 독성 물질이 나와 물이 썩고 악취가 나게 된다.

㉮

둘째, 기름을 하수구에 버리지 말자. 식용유 등의 기름은 물 위에 기름으로 된 막을 만들어 ㉢합성 세제의 거품과 같은 해를 끼친다. 기름기 묻은 그릇은 휴지로 닦아 낸 뒤 설거지하고, 폐식용유는 모아서 비누로 만들면 수질 오염을 막을 수 있다.

셋째, 음식물을 하수구에 버리지 말자. 음식물로 오염된 물을 맑은 물로 바꾸려면 엄청나게 많은 양의 물이 필요하다. 예를 들어 라면 국물 1컵으로 오염된 물을 맑은 물로 바꾸려면 5천 컵의 물이 필요하다. (㉣) 버리는 음식물이 나오지 않도록 꼭 먹을 만큼만 식재료를 사서 음식을 만들어야 한다. (㉤) 싱크대 배수구의 거름망에 헌 스타킹을 씌워 놓으면 작은 음식물 찌꺼기도 거를 수 있다.

* 수인성 전염병: 물이나 음식물에 들어 있는 세균에 의하여 전염되는 병.
* 기형: 동식물에서, 정상의 형태와는 다른 것.
* 축사: 가축을 기르는 건물.

1

짜임

이 글에서 ㉮의 역할로 알맞은 것에 ○표 하세요.

(1) 글을 쓰게 된 문제 상황을 밝히고 있다.   (   )

(2) 문제에 대한 해결 방법을 제시하고 있다.   (   )

(3) 앞의 내용을 요약하고 글쓴이의 주장을 다시 한번 강조하고 있다.   (   )

2

비판

㉠과 ㉡이 적절한지에 대해 알맞게 말한 친구의 이름을 쓰세요.

경준: ㉠과 ㉡은 모두 오염된 물이 생태계에 미치는 영향이므로 적절해.

인선: ㉠은 오염된 땅이 생태계에 미치는 영향이므로 적절하지 않지만, ㉡은 오염된 물이 생태계에 미치는 영향이므로 적절해.

다해: ㉠은 오염된 물이 생태계에 미치는 영향이므로 적절하지만, ㉡은 오염된 공기가 생태계에 미치는 영향이므로 적절하지 않아.

(   )

3

내용 이해

㉢은 무엇을 말하는지 이 글에서 찾아 쓰세요.

_____

_____

4

어휘·표현

㉣과 ㉤에 들어갈 이어 주는 말을 보기에서 찾아 각각 쓰세요.

○보기○   그리고   하지만   그러므로   왜냐하면

(1) ㉣: (   )   (2) ㉤: (   )

5 주제

글쓴이의 주장은 무엇인지 빈칸에 알맞은 말을 쓰세요.

• 각 (1)(   )에서 (2)(   )을/를 막기 위해 노력하자.

6 추론

글쓴이의 주장에 덧붙일 근거로 가장 알맞은 것의 기호를 쓰세요.

> ㉮ 집에서 목욕과 빨래를 하지 말자. 집에서 목욕과 빨래를 하지 않으면 그만큼 오염되는 물의 양을 줄일 수 있다.
> ㉯ 해로운 화학 물질을 하수구에 버리지 말자. 가정에서 쓰는 페인트, 가구 광택제 등에는 사람과 환경에 해로운 물질이 들어 있어서 수질 오염을 일으킨다.
> ㉰ 폐수를 함부로 하천에 버리는 것을 철저히 감시하자. 감시를 철저히 하면 공장과 축사에서 폐수 정화 시설을 설치하지 않고 폐수를 버리는 일을 막을 수 있다.

(   )

7 적용·창의

다음 자료를 바탕으로 내세울 수 있는 주장을 쓰세요.

> 지구 표면의 약 70퍼센트를 차지하는 물은 지구상에서 가장 풍부한 자원이다. 하지만 우리가 사용할 수 있는 지하수나 하천에 있는 물은 1퍼센트가 채 되지 않는다. 대부분의 물이 바닷물이어서 식수로 사용할 수 없다. 바닷물은 철을 녹슬게 해서 공업용으로도 사용하기 어렵다. 지구상에 있는 전체 물을 5리터의 용기에 담는다고 하면 우리가 사용할 수 있는 물의 양은 겨우 찻숟가락 한 술에 불과하다.
>
>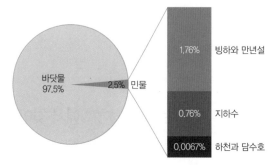
>
> ▲ 지구상의 물 분포(출처: 한국 수자원 공사, 2012)

(   )

어휘력 강화

낱말의 뜻

1 빈칸에 알맞은 낱말을 보기에서 찾아 쓰세요.

> **보기** 기형   차단   축사

(1) 어머니께서 창문에 햇빛을 (   )하는 커튼을 다셨다.

(2) 돼지를 키우는 (   )에는 난방 시설이 잘 되어 있었다.

(3) 심각한 환경 오염 때문에 (   ) 동물의 수가 점점 늘고 있다.

맞춤법

2 다음 문장에 들어갈 알맞은 말을 (   ) 안에서 골라 ○표 하세요.

(1) 오빠가 점심을 먹고 (설거지, 설겆이)를 했다.

(2) 음식물 (지꺼기, 찌꺼기)는 물기를 제거한 뒤 따로 배출해야 한다.

속담

3 밑줄 친 부분에 어울리는 속담에 ○표 하세요.

> 예진: 앞으로 수질 오염을 막기 위한 일들을 꼭 실천할 거야.
>
> 창우: 나도 그럴 거야. 우리가 함께 실천하고 노력하면 생활 하수를 줄여 수질 오염을 막을 수 있을 거야.

(1) 하나를 보고 열을 안다

(   )

(2) 손이 많으면 일도 쉽다

(   )

(3) 사공이 많으면 배가 산으로 간다

(   )

가

● 지문의 난이도
상 중 **하**

● 문제의 난이도
상 중 **하**

신라 제35대 왕인 경덕왕 때의 일이에요. 경덕왕은 신라에서 가장 크고 아름다운 종을 만들어 아버지인 성덕왕의 *명복을 빌고 싶었지요. 그래서 신라에 있는 모든 절과 백성에게 *시주를 받아 종을 만들기로 했어요. 봉덕 사의 *주지 스님이 이 일을 맡아 발 벗고 나섰어요.

"돌아가신 성덕왕을 위한 일입니다. 무엇이라도 *보시해 주십시오."

주지 스님은 집집마다 시주를 청했어요. 신라 사람들은 돈이나 물건을 아 낌없이 내놓았어요. 그런데 단 한 집만은 시주를 하지 못했어요.

"스님, 저희는 너무 가난해서 이 아이밖에는 시주할 것이 없답니다. 원하 신다면 이 아이라도 데려가시겠습니까?"

스님은 차마 아이를 시주로 받을 수 없어 빈손으로 돌아왔어요. 그러고 는 신라 사람들이 시주한 쇳덩이로 기술자들을 모아 종을 만들게 했지요. 그러나 웬일인지 종 만드는 일은 실패를 거듭했어요. 종 만드는 일을 맡은 주지 스님은 초조해졌어요.

결국 경덕왕은 종이 완성되는 것을 보지 못했고 아들 혜공왕이 종 만드 는 일을 이어받았어요.

그러던 어느 날, 주지 스님의 꿈속에 부처님이 나타났어요.

"세상의 때가 묻지 않은 아이가 있어야 종을 완성할 수 있을 것이다. 너 에게 시주로 내어 주겠다고 한 아이를 데려오너라."

잠에서 깬 주지 스님은 고민했지만 부처님의 뜻에 따르기로 했어요. 그 러고는 어린아이를 시주하기로 한 집에 찾아가서 시주를 청했어요.

"안 됩니다, 스님. 차라리 절 데려가십시오."

아이 어머니가 그제야 눈물을 흘리며 매달렸지만 주지 스님의 간곡한 부 탁에 결국 아이를 시주하고 말았어요. 아이는 종을 만드는 쇳물 속에 던져 졌고, 얼마 뒤 신기하게도 성덕 대왕 신종이 완성되었어요.

완성된 종을 치자 종소리를 들은 신라 사람들은 모두 감동의 눈물을 흘 렸어요. 종에서 나는 '에밀레' 하는 소리가 아이 울음소리처럼 들리기도 했 지요. 그래서 성덕 대왕 신종을 '에밀레종'이라고도 부른답니다.

낱말 뜻

* 명복: 죽은 뒤 저승에서 받 는 복.
* 시주: 자비심으로 조건 없 이 절이나 승려에게 물건을 베풀어 주는 일.
* 주지: 절을 책임지고 맡아 관리하는 승려.
* 보시해: 자비심으로 남에게 재물이나 불법을 베풀어.

나

1 우리나라 국보 제29호인 성덕 대왕 신종은 높이가 3.75미터, 지름은 2.27미터, 무게는 약 20톤이야. 우리나라에 남아 있는 종 중에서 가장 크지. 크기도 크지만 종에 새겨진 *비천상을 비롯한 아름다운 무늬들은 통일 신라 사람들의 뛰어난 예술성을 보여 준단다. 그중에서도 성덕 대왕 신종이 감동을 주는 것은 *장중하고 맑으면서도 유난히 특별한 *여운이 남는 종소리야. 성덕 대왕 신종이 이렇게 아름다운 소리를 내는 비밀은 무엇일까?

▲ 성덕 대왕 신종

2 성덕 대왕 신종의 웅장한 소리는 종을 지지하는 맨 윗부분에 뚫려 있는 '음관' 때문이야. 음관은 여러 주파수의 종소리 중에서 높은 소리는 밖으로 내보내고 낮은 소리는 종 안에 가둔단다. 음관이 필요 없는 잡음을 제거해서 우리에게 웅장한 소리만 들려주는 것이지.

3 종 밑에 움푹 파인 '명동'이라는 구멍도 종소리에 울림을 더해 주고 있어. 명동 안에 있던 공기는 종

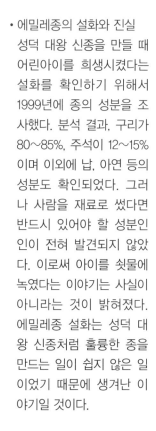

▲ 성덕 대왕 신종의
비천상

안에 있는 공기와 합쳐져 소리를 크게 울려 준단다. 명동이 종소리의 울림통이 되는 거야.

4 맨 나중까지 은은하게 남는 종소리인 *여음은 맥놀이 현상 때문에 생긴단다. 맥놀이란, 진동 수가 다른 두 개의 소리가 만나 맥박이 뛰는 것처럼 소리의 크기가 커졌다 작아졌다 하는 현상을 말해. 그래서 종을 칠 때 '에밀레' 하는 소리가 9초 뒤에 다시 울음을 토하는 것처럼 들린단다. 성덕 대왕 신종이 자연스럽게 ㉠*비대칭을 이루고 있어서 맥놀이 현상이 생긴대. 겉보기에는 완전한 대칭이지만, 표면에 새겨진 무늬나 조각이 미세하게 비대칭을 이루고 있거든. 또 종을 만들 때 두께나 밀도가 자연스럽게 달라지는데, 이런 것도 맥놀이 현상이 생기는 이유가 된단다.

• 에밀레종의 설화와 진실
성덕 대왕 신종을 만들 때 어린아이를 희생시켰다는 설화를 확인하기 위해서 1999년에 종의 성분을 조사했다. 분석 결과, 구리가 80~85%, 주석이 12~15%이며 이외에 납, 아연 등의 성분도 확인되었다. 그러나 사람을 재료로 썼다면 반드시 있어야 할 성분인 인이 전혀 발견되지 않았다. 이로써 아이를 쇳물에 녹였다는 이야기는 사실이 아니라는 것이 밝혀졌다. 에밀레종 설화는 성덕 대왕 신종처럼 훌륭한 종을 만드는 일이 쉽지 않은 일이었기 때문에 생겨난 이야기일 것이다.

낱말 뜻

*비천상: 하늘에 살면서 지상의 사람과 왕래한다는 선녀를 그린 그림.
*장중하고: 장엄하며 무게가 있고.
*여운: 아직 가시지 않고 남아 있는 운치.
*여음: 소리가 그치거나 거의 사라진 뒤에도 아직 남아 있는 음향.
*비대칭: 양쪽의 크기나 모양이 같지 않은 것.

1

내용 이해

글 **가**와 **나**에 대한 설명으로 알맞지 <u>않은</u> 것은 무엇인가요? (   )

① 글 **가**와 **나**는 성덕 대왕 신종을 글감으로 쓴 글이다.

② 글 **가**에는 성덕 대왕 신종이 만들어진 배경이 드러나 있다.

③ 글 **가**는 실제로 있었던 일을 기록한 것으로 객관적인 사실을 전달하고 있다.

④ 글 **나**는 성덕 대왕 신종의 종소리에 담긴 과학적인 원리를 밝히고 있다.

⑤ 글 **나**는 설명하는 글의 짜임 중 처음 부분과 가운데 부분만 나와 있다.

2

내용 이해

글 **가**와 **나**의 내용과 일치하는 것은 무엇인가요? (   )

① 성덕 대왕 신종은 신라 제35대 왕인 혜공왕 때 만들기 시작했다.

② 맥놀이 현상은 두 개의 소리가 같은 크기로 들리는 것을 말한다.

③ 아이의 희생을 기념하기 위해 성덕 대왕 신종을 '에밀레종'이라고도 부른다.

④ 성덕 대왕 신종 표면에 새겨진 무늬나 조각은 미세하게 비대칭을 이루고 있다.

⑤ 성덕 대왕 신종 밑에 있는 명동은 높은 소리는 내보내고 낮은 소리는 종 안에 가둔다.

3

추론

글 **가**에 나오는 주지 스님의 성격으로 알맞은 것은 무엇인가요? (   )

① 인색하다.   ② 지혜롭다.

③ 우유부단하다.   ④ 의지가 약하다.

⑤ 책임감이 강하다.

4

추론

글 **가**와 **나**에 어울리는 자료를 모두 골라 기호를 쓰세요.

> ㉮ 성덕 대왕 신종 각 부분의 이름과 사진
> ㉯ 맥놀이 현상의 주파수를 보여 주는 도표
> ㉰ 아이 어머니가 주지 스님에게 눈물을 흘리며 매달리는 그림
> ㉱ 종 안에서 맥놀이 현상이 일어나는 모습을 가상으로 보여 주는 동영상

(1) 글 **가**:(   )   (2) 글 **나**:(   )

5

짜임

다음 내용은 글 **나**의 어디에 들어가기에 알맞은지 문단의 번호를 쓰세요.

> 특이한 것은 성덕 대왕 신종 내부에도 작은 쇳덩어리들이 덧대어 있다는 거야. 과학자들은 이 쇳덩어리들도 종을 비대칭으로 만드는 역할을 한다고 보고 있어. 작은 쇳덩어리들도 맥놀이 현상이 생기도록 돕고 있는 거야.

(　　　　　　　　　)문단의 뒤

6

어휘·표현

㉠에 쓰인 '비–'는 '아님'의 뜻을 더하는 말입니다. 빈칸에 '비–'가 들어갈 수 있는 문장을 찾아 ○표 하세요.

⑴ 　규칙한 식사 습관은 건강을 해친다.　　　　　　　　　　　(　　　)

⑵ 학생회장은 회의에 　참석하겠다고 말했다.　　　　　　　　(　　　)

⑶ 선량한 시민에게 테러를 저지르는 것은 　인간적인 행동이다.　(　　　)

7

비판

글 **가**와 **나**를 읽고 자신의 생각을 알맞게 말한 친구의 이름을 모두 쓰세요.

> 세희: 아무리 종을 만들기 어려웠더라도 종을 만들 때 아이를 희생시킨 것은 잘못된 일이야.
>
> 지효: 성덕 대왕 신종의 유래를 알려 주는 이야기는 사실과 상상을 구별하기 어려우므로 읽어야 할 가치가 없어.
>
> 정훈: 내가 알기로 음관은 우리나라 종에만 있는 특징이야. 읽는 이가 음관이 모든 종에 있다고 판단할 수 있으므로 생략하는 것이 좋겠어.
>
> 용준: 성덕 대왕 신종에서 비대칭을 이루는 부분을 정확히 알려 주면서 종소리의 여음이 맥놀이 현상 때문이라는 사실을 밝힌 것은 적절해 보여.

(　　　　　　　　　)

	❶	❷				
					❸	❹
				❺		
	❼			❻		
		❽				
		❾				

가로 →

❶ 손을 묶은 것처럼 어찌할 도리가 없어 꼼짝 못 함. ㉠ 도둑이 달아나는 것을 ○○○○ 으로 바라보았다.

❸ 인플루엔자 바이러스에 의하여 일어나는 감기. ㉠ 스페인 ○○으로 많은 사람이 죽었다.

❻ 자비심으로 남에게 재물이나 불법을 베풂. ㉠ 절을 짓는 데 ○○했다.

❼ 달이 태양의 일부나 전부를 가림. 또는 그런 현상. ㉠ 개기 ○○, 금환 ○○

❾ 어떤 문제를 해결하는 방향으로 이끌어 가는 일의 첫 부분. ㉠ 결정적 ○○를 잡았다.

세로 ↓

❷ 필요할 때 간단히 적기 위해 들고 다니는 작은 크기의 공책.
㉠ ○○에 취재한 내용을 썼다.

❹ 병균이 식물이나 동물의 몸 안으로 들어가 퍼짐. ㉠ 바이러스에 ○○이 되었다.

❺ 나라에서 지정하여 법률로 보호하는 문화재. ㉠ 숭례문은 우리나라 ○○ 제1호이다.

❼ 한 방향으로 쭉 곧은 줄. 또는 그런 형태.
㉠ ○○○으로 뻗은 길.

❽ 액체나 기체 따위의 흐름 또는 통로를 막거나 끊어서 통하지 못하게 함.
㉠ 자외선 ○○을 위해 긴 옷을 입었다.

정답 및 해설 ▶ 16쪽에서 확인하세요.

쉬어가기 번호 순서대로 점을 이어서 그림을 완성해 보세요.

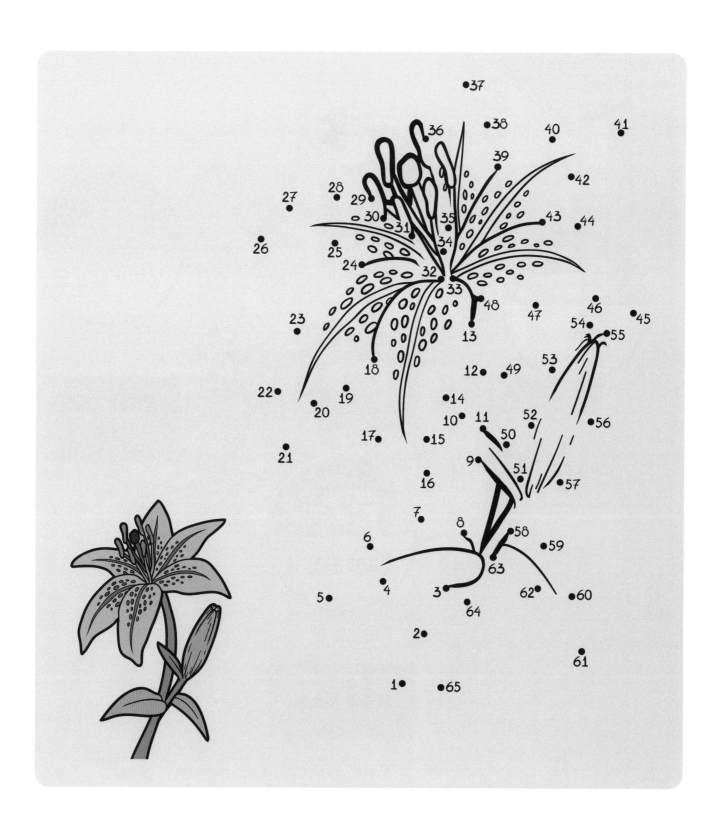

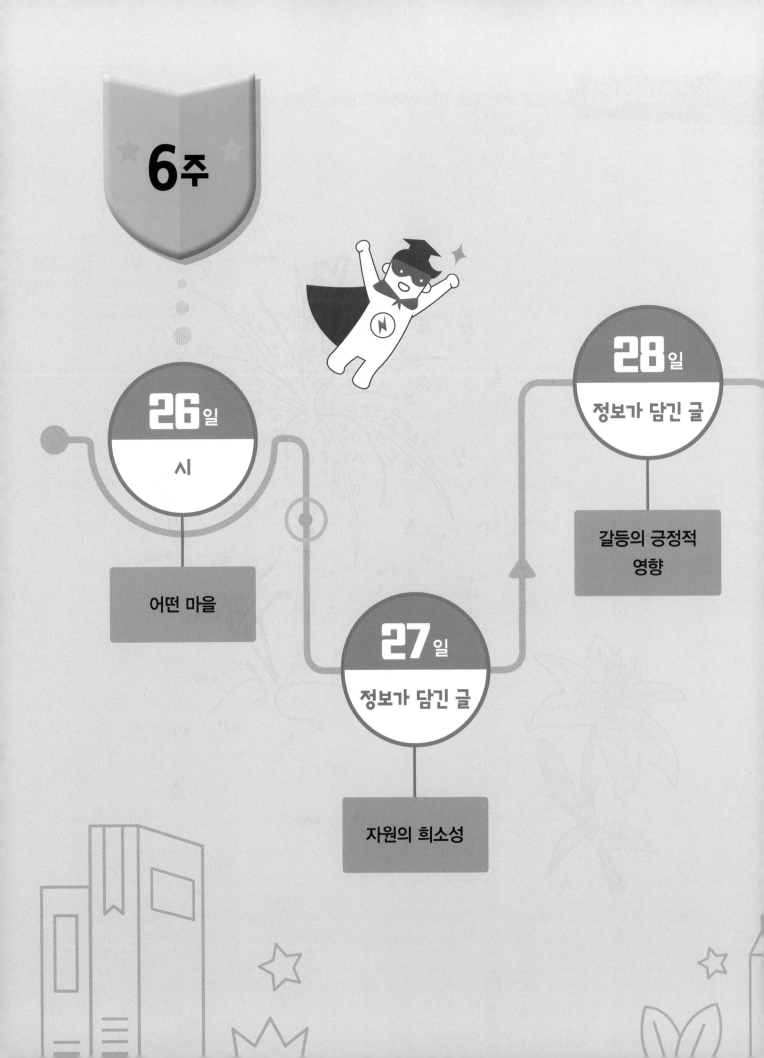

6주

26일
시

어떤 마을

27일
정보가 담긴 글

자원의 희소성

28일
정보가 담긴 글

갈등의 긍정적
영향

30일

최상위 독해

- 우리나라에 난민을 받아 들이자
- 우리나라에 난민을 받아 들이지 말자

29일

의견이 담긴 글

세상의 모든 어버이들께

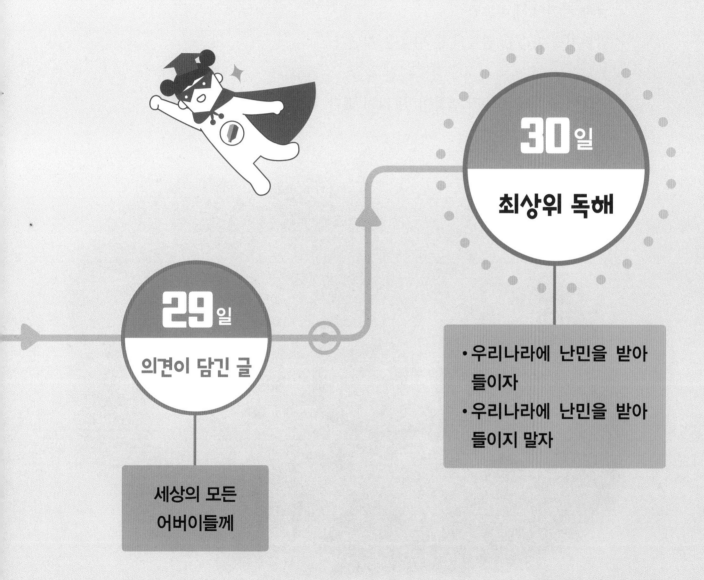

어떤 마을

도종환

사람들이 착하게 사는지 별들이 많이 떴다.
개울물 맑게 흐르는 곳에 마을을 이루고
㉠*물바가지에 떠 담던 *접동새 소리 별 그림자
그 물로 쌀을 씻어 밥 짓는 냄새 나면
굴뚝 가까이 내려오던
*밥티처럼 따스한 별들이 뜬 마을을 지난다.

사람이 *순하게 사는지 별들이 참 많이 떴다.

* 물바가지: 물을 푸는 데 쓰는 바가지. 또는 물이 담겨 있는 바가지.
* 접동새: '두견새'의 방언.
* 밥티: '밥알'을 시에서 표현한 말.
* 순하게: 성질이나 태도가 까다롭거나 고집스럽지 않게.

1

짜임

이 시의 짜임에 대해 바르게 말한 것을 찾아 기호를 쓰세요.

㉮ 1연은 과거, 2연은 현재의 일을 썼다.

㉯ 각 행마다 글자 수가 일정하게 반복된다.

㉰ 1연의 1행과 2연이 비슷한 문장으로 되어 있다.

㉱ 1연의 4행에서 '그 물로 쌀을 씻어'와 '밥 짓는 냄새 나면'은 서로 바뀌어야 말의 순서가 바르다.

(   )

2

어휘·표현

이 시에서 다음과 같이 표현한 부분을 찾아 쓰세요.

(1) 냄새를 맡는 것처럼 표현한 부분: (   )

(2) 손으로 만지는 것처럼 표현한 부분: (   )

3

추론

㉠이 뜻하는 것으로 알맞은 것에 ○표 하세요.

(1) 물바가지에 접동새와 별 그림이 그려져 있다.   (   )

(2) 접동새가 물바가지에 담겨 있는 물을 먹다가 별을 쳐다보았다.   (   )

(3) 물바가지에 물을 떠 담을 때 접동새 울음소리가 들리고 별 그림자가 어른거렸다.

(   )

4

내용 이해

이 시에서 말하는 이는 무엇을 하고 있나요? (   )

① 쌀을 씻고 있다.   ② 별을 세고 있다.

③ 마을을 지나고 있다.   ④ 개울물에 발을 담그고 있다.

⑤ 사람들과 이야기를 나누고 있다.

5

주제

이 시의 주제로 알맞은 것은 무엇인가요? (   )

① 도시로 가고 싶은 간절함

② 낯선 마을에 대한 두려움

③ 고향에 가지 못하는 안타까움

④ 평화롭고 순박한 시골 마을의 정겨움

⑤ 전통을 지켜 가며 사는 마을의 소중함

6

감상

이 시에서 인상 깊은 부분을 알맞게 말하지 <u>못한</u> 친구의 이름을 쓰세요.

문정: 자신의 소망을 별에 빗대어 표현한 점이 인상 깊어.

나연: 별들이 많이 뜬 것을 보고 사람들이 착하고 순하게 살 것이라고 생각한 점이 인상 깊어.

산호: 자연환경이 깨끗해서 별들이 또렷하게 보이는 모습을 '굴뚝 가까이 내려오던'이라고 표현한 점이 새로워.

(   )

7

적용·창의

◉보기◉처럼 내가 살거나 살고 싶은 마을의 모습과 사람들을 떠올리며 이 시의 일부분을 바꾸어 쓰려고 합니다. 빈칸에 알맞은 말을 쓰세요.

◉보기◉
사람들이 (재미있게) 사는지 (담벼락마다 만화 주인공이다).
(바다가 보이는 언덕)에 마을을 이루고

• 사람들이 (1) (   ) 사는지 (2) (   ).

　(3) (   )에 마을을 이루고

낱말의 뜻

1 다음 문장에 알맞은 낱말을 ( ) 안에서 골라 ○표 하세요.

⑴ 형제는 성격이 (순해서, 험해서) 서로 싸운 적이 없다.

⑵ 학교 앞 사거리에 십 층짜리 건물을 (집고, 짓고) 있다.

⑶ 누나는 손수 뜬 목도리를 이웃집에 나누어 주며 (따스한, 따가운) 정을 나누었다.

동형어

2 밑줄 친 '뜨다'가 ●보기●와 같은 뜻으로 쓰인 것을 두 가지 고르세요. ( )

> ●보기● 　　　　　사람들이 착하게 사는지 별들이 많이 떴다.

① 종이배가 물 위에 떴다.

② 바가지에 물을 떠서 마셨다.

③ 누나가 털실로 장갑을 떴다.

④ 몸이 공중에 붕 떠 있는 느낌이다.

⑤ 눈을 크게 뜨고 아빠를 찾아보았다.

사자성어

3 빈칸에 들어갈 사자성어로 알맞은 것에 ○표 하세요.

> 밤하늘의 별만큼 사람들이 　　　　　　(으)로 모였다.

⑴ 부지기수(不知其數) → 헤아릴 수가 없을 만큼 많음. 또는 그렇게 많은 수효.

( )

⑵ 일사불란(一絲不亂) → 한 오리 실도 엉키지 아니함이란 뜻으로, 질서가 정연하여 조금도 흐트러지지 아니함을 이르는 말. ( )

⑶ 전광석화(電光石火) → 번갯불이나 부싯돌의 불이 번쩍거리는 것과 같이 매우 짧은 시간이나 매우 재빠른 움직임 따위를 비유적으로 이르는 말. ( )

1 편의점에 온 보람이는 삼각김밥도 먹고 싶고, 빵도 먹고 싶고, 과자도 먹고 싶고, 아이스크림도 먹고 싶어요. 하지만 지갑에는 천 원밖에 없어서 하나만 살 수 있어요. 보람이는 무엇을 살까 고민하다가 지갑이 ㉠화수분이면 좋겠다고 생각했어요. 이처럼 사람의 욕구는 끝이 없는데 이를 충족할 수 있는 돈, 시간, 자원은 한정되어 있는 것을 '자원의 희소성'이라고 해요.

2 자원의 희소성은 사람의 필요와 욕구에 따라 달라져요. 예를 들어 에어컨은 추운 지역에서 필요하지 않아요. 추운 지역에서는 에어컨이 몇 대 없어도 그것을 원하는 사람들이 없기 때문에 희소성이 없어요. 반면에 일 년 내내 더운 지역에서는 에어컨이 많이 있지만 에어컨을 원하는 사람들이 더 많기 때문에 에어컨이 희소성이 있는 거예요. 이처럼 자원의 희소성은 자원의 양이 많으냐 적으냐에 따라 결정되는 것이 아니라 사람의 필요나 욕구와 비교해 결정돼요.

3 자원의 희소성은 시대와 장소에 따라서도 달라져요. 예를 들어 후추는 중세 유럽에서 매우 귀했어요. 왜냐하면 그 당시에 유럽에서는 후추가 재배되지 않아 인도에서 수입을 해야 했는데 그 양이 많지 않았거든요. 후추를 넣은 음식을 먹어 본 사람들은 계속해서 후추를 찾았지만 후추의 양이 부족하다 보니 후추 가격은 매우 비쌌지요. 그러나 오늘날에는 어느 곳에서나 후추를 손쉽게 구할 수 있어요. 이와 같이 ㉡

4 우리는 자원의 희소성 때문에 언제나 선택의 문제에 부딪혀요. 보람이가 천 원밖에 없어서 무엇을 살지 고민했던 것처럼요. 여러 가지 중에 무언가를 선택하면 다른 것은 포기해야 해요. 사람에 따라 무엇을 선택하는지는 다를 수 있어요. 사람마다 *취향과 가치관이 다르기 때문이죠. 어떻게 하면 선택을 잘할 수 있을까요?

5 "같은 값이면 다홍치마"라는 속담처럼 똑같은 비용을 지불해야 한다면 가장 만족감이 높은 것을 선택하고, 만족감이 비슷하게 든다면 가장 적은 비용을 지불하는 것을 선택하는 방법이 있어요. 이처럼 비용과 만족감을 따져 선택할 수도 있지만 이웃, 지역, 환경, 건강 등에 미치는 영향을 고려해 선택할 수도 있어요.

＊화수분: 재물이 계속 나오는 보물단지.
＊취향: 하고 싶은 마음이 생기는 방향. 또는 그런 경향.
＊같은 값이면 다홍치마: 값이 같거나 같은 노력을 한다면 품질이 좋은 것을 택한다는 말.

1 짜임

이 글의 설명 방법으로 알맞은 것의 기호를 쓰세요.

⑦ 구체적인 예를 들어 설명하였다.

⑭ 다른 사람의 말을 인용하며 설명하였다.

⑭ 두 대상의 비슷한 점을 중심으로 설명하였다.

(   )

2 주제

❶문단의 중심 문장을 찾아 쓰세요.

_____

_____

3 어휘·표현

㉠을 넣어 지은 짧은 글 중 알맞은 것에 모두 ○표 하세요.

⑴ 화수분으로도 당해 내지 못할 만큼 돈을 펑펑 썼다.   (   )

⑵ 부모님 몰래 숨겨 두었던 돈이 화수분처럼 사라졌다.   (   )

⑶ 내게도 화수분이 있다면 돈 걱정 없이 살 수 있을 것이다.   (   )

4 추론

㉡에 들어갈 문장으로 알맞은 것은 무엇인가요? (   )

① 희소한 자원은 시대와 장소가 바뀌어도 계속 희소해요.

② 똑같은 자원이라도 사람에 따라 느끼는 만족감이 달라요.

③ 세상에 있는 모든 자원이 희소성을 가지는 것은 아니에요.

④ 자원의 희소성은 똑같은 자원이라도 시대와 장소에 따라 달라져요.

⑤ 누군가에게 희소한 자원이라고 해서 다른 사람에게도 희소한 것은 아니에요.

5 이 글을 읽고 알 수 있는 사실을 모두 고르세요. (   )

내용 이해

① 선택을 잘하는 방법
② '자원의 희소성'의 뜻
③ '자원의 희소성'의 특징
④ 선택을 잘못했을 때의 문제점
⑤ 자원을 효율적으로 활용하는 방법

6 이 글을 읽고 선택의 문제에 대해 알맞게 말한 친구의 이름을 쓰세요.

비판

> 동찬: 모든 사람은 무조건 가장 싼 것을 선택해. 싼 것을 선택하면 돈을 아낄 수 있으니까.
>
> 한나: 유행에 뒤처지지 않는 것이 가장 중요해. 그러니까 사람들은 모두 자신의 취향이 아니라 인기 있는 것을 선택해야 해.
>
> 경호: 나는 환경과 건강을 중요하게 생각해. 그래서 조금 비싸더라도 환경과 건강에 좋은 것을 선택했을 때 가장 만족감을 느껴.

(   )

7 이 글의 내용으로 보아, 다음 질문에 알맞게 대답한 친구를 찾아 ○표 하세요.

적용·창의

> 어느 섬에서 한 달에 망고는 50톤을 수확하고 바나나는 10톤을 수확한다고 한다. 망고와 바나나 중 섬 주민들에게 더 희소한 과일은 무엇인가?

(1) 태서: 바나나의 수확량이 망고의 수확량보다 적으므로 바나나가 섬 주민들에게 더 희소해. (   )

(2) 동규: 우리나라에서는 바나나보다 망고가 더 희소하니까 섬 주민들에게도 망고가 더 희소해. (   )

(3) 은결: 섬 주민들이 망고를 좋아하고 바나나를 싫어한다면 망고의 수확량이 많아도 바나나보다 희소할 수 있어. 현재로서는 어느 것이 더 희소하다고 말할 수 없어. (   )

어휘력 강화

낱말의 뜻

1 빈칸에 알맞은 낱말을 <보기>에서 찾아 쓰세요.

> **보기**
>
> 지불   취향   한정

(1) 문구점에서 학용품을 사고 돈을 (   )했다.

(2) 이곳에서 캘 수 있는 석탄의 양은 (   )되어 있다.

(3) 이 음식점은 손님의 (   )에 따라 음식 재료를 선택할 수 있다.

낱말의 관계

2 두 낱말의 관계가 나머지 넷과 <u>다른</u> 하나는 무엇인가요? (   )

① 많다 – 적다   ② 욕구 – 욕망

③ 수입 – 수출   ④ 만족 – 불만족

⑤ 다르다 – 똑같다

속담

3 빈칸에 들어갈 속담으로 알맞은 것에 ○표 하세요.

> 진성: 모두 똑같이 만 원인데 어떤 옷을 골라야 할지 모르겠어요.
> 어머니: 그럴 때는   (이)라고 옷감과 디자인이 좋고 바느질도 잘 되어
>   있는 것을 고르면 돼.

(1) 싼 것이 비지떡 → 값이 싼 물건은 품질도 그만큼 나쁘게 마련이라는 말. (   )

(2) 같은 값이면 다홍치마 → 값이 같거나 같은 노력을 한다면 품질이 좋은 것을 택한
       다는 말.   (   )

(3) 물건을 모르거든 값을 더 주라 → 값은 물건에 따라 정하여지는 것이니 좋은 것을
       사려거든 비싼 것으로 사면 됨을 비유적으로 이르는 말.   (   )

1 20○○년에 △△ 초등학교에서 4~6학년 학생 300여 명을 대상으로 조사한 결과, 학생들의 가장 큰 고민은 친구 간의 갈등인 것으로 나타났다. 그리고 갈등을 부정적으로 생각하는 학생이 80%에 이르는 것으로 나타났다. 과연 갈등은 우리에게 부정적인 영향만 끼치는 것일까? 갈등에 대해 자세히 알아보자.

2 갈등은 사람의 마음을 불안하게 하고 스트레스를 준다. 또 갈등을 해결하느라 시간과 자원을 낭비하게 되고 개인이나 집단의 목표가 *등한시될 수 있다. 갈등이 심해지면 사회가 혼란스러워지기도 해 사람들은 대부분 갈등을 부정적으로 여긴다. 하지만 갈등은 개인이나 집단에 새로운 변화와 발전을 가져다주기도 한다. 갈등이 일어나면 개인이나 집단은 문제점을 *개선하려고 노력한다. 갈등이 일어나 서로 다른 의견들이 대립하면서 좋은 아이디어가 나오기도 한다. 또 외부 집단과 갈등을 겪으면 내부 사람들끼리 서로 *단합하게 된다. 이렇게 갈등은 개인이나 집단에 활기를 불어넣어 긍정적인 결과를 낳기도 한다.

3 갈등의 종류는 여러 가지이다. 개인의 마음속에서 서로 다른 생각이 부딪쳐 일어나는 갈등은 개인적 갈등이다. 우리가 음식점에서 돈가스와 비빔밥 중 무엇을 먹을지 고민하는 상황에서 겪는 갈등이 개인적 갈등에 속한다. 가족 간, 친구 간, 이웃 간 등에서 일어나는 갈등은 ㉠개인과 개인 간에 일어나는 갈등이다. 이외에도 ㉡집단과 집단 간에 일어나는 갈등 등이 있다.

4 갈등(葛藤)은 칡을 뜻하는 '갈(葛)'과 등나무를 뜻하는 '등(藤)'이 합쳐진 낱말이다. 칡과 등나무의 줄기는 다른 물체를 감아 올라가며 자라는데, 이 두 식물의 줄기가 서로 엉키면 풀기가 무척 어렵다. 이 모습에서 유래한 '갈등'은 개인이나 집단 사이에 생각, 처지, 목표 등이 달라 서로 부딪치는 상태를 뜻한다. 칡과 등나무 같은 덩굴 식물은 줄기의 한쪽이 물체에 닿으면 다른 쪽 줄기의 생장 속도가 빨라진다.

5 우리는 사회 속에서 여러 사람과 함께 살아가기 때문에 갈등을 겪을 수밖에 없다. 그러므로 갈등을 부정적으로 생각해 피하려고만 해서는 안 된다. 갈등에 대한 이해를 새롭게 하고 지혜롭게 해결하려는 자세가 필요하다.

---

*등한시될: 소홀하게 보아 넘겨질.
*개선하려고: 잘못된 것이나 부족한 것, 나쁜 것 따위를 고쳐 더 좋게 만들려고.
*단합하게: 많은 사람이 마음과 힘을 한데 뭉치게.

1
추론

㉠과 ㉡의 예로 알맞은 것을 찾아 기호를 쓰세요.

> ㉮ 종교가 서로 달라 일어나는 민족 간의 다툼
> ㉯ 층간 소음으로 일어나는 위층과 아래층 주민 간의 다툼
> ㉰ 숙제와 게임 중 무엇을 먼저 할지에 대한 마음속의 갈등

(1) ㉠: (　　　　　　　　　) 　　　 (2) ㉡: (　　　　　　　　　)

2
어휘·표현

❹문단의 내용으로 보아, '갈등'과 바꾸어 쓸 수 있는 낱말을 모두 골라 ○표 하세요.

> 다툼　　　　대립　　　　조화　　　　이해　　　　충돌

3
비판

❹문단에서 다음 설명에 해당하는 부분을 찾아 쓰세요.

> 문단의 중심 문장과 관련 없는 뒷받침 문장이므로 삭제해야 한다.

_____

_____

4
짜임

글의 흐름상 서로 자리가 바뀌어야 하는 문단은 무엇인가요? (　　　　)

① ❶문단과 ❷문단　　　　　　② ❶문단과 ❸문단
③ ❷문단과 ❹문단　　　　　　④ ❸문단과 ❺문단
⑤ ❹문단과 ❺문단

5

다음 문장이 사실에 해당하면 '사', 의견에 해당하면 '의'라고 쓰세요.

(1) 갈등을 부정적으로 생각해 피하려고만 해서는 안 된다. ( )

(2) 갈등을 부정적으로 생각하는 학생이 80%에 이르는 것으로 나타났다. ( )

(3) 갈등에 대한 이해를 새롭게 하고 지혜롭게 해결하려는 자세가 필요하다. ( )

(4) 가족 간, 친구 간, 이웃 간 등에서 일어나는 갈등은 개인과 개인 간에 일어나는 갈등이다. ( )

6

이 글의 중심 생각은 무엇인가요? ( )

① 갈등은 예방할 수 있다.

② 갈등이 일어나는 상황은 다양하다.

③ 식물의 모습에서 유래한 낱말이 있다.

④ 갈등은 긍정적인 영향을 끼치기도 한다.

⑤ 사람마다 갈등에 대처하는 방식이 다르다.

7

다음 이야기에 나타난 갈등을 어떻게 해결하면 좋을지 쓰세요.

> 장미를 무척 사랑하는 사람들이 사는 마을이 있었다. 마을 사람들은 마을 한가운데에 장미 정원을 만들어 놓고, 시간이 날 때마다 장미를 보러 갔다. 그런데 마을 사람들의 절반은 빨간 장미를, 나머지 절반은 노란 장미를 좋아해서 날마다 다툼이 끊이지 않았다.
>
> "노란 장미가 더 예뻐요. 빨간 장미는 품위가 없어요!"
>
> "뭐라고요? 꽃 중의 꽃은 빨간 장미라고요!"
>
> 어느 날, 빨간 장미를 좋아하는 사람들이 노란 장미를 몰래 꺾기 시작했다. 노란 장미가 빨간 장미와 함께 피어 있는 것을 더 이상 두고 볼 수가 없었기 때문이다. 그러자 노란 장미를 좋아하는 사람들도 빨간 장미를 꺾기 시작했다.

( )

어휘력 강화

낱말의 뜻

1 밑줄 친 낱말의 쓰임이 알맞지 <u>않은</u> 것에 ×표 하세요.

(1) 마을 사람들이 <u>단합해</u> 홍수로 인한 피해를 이겨 냈다. ( )

(2) 경치 좋은 곳을 관광지로 <u>개선하기</u> 위한 계획을 세웠다. ( )

(3) 영어 교육이 중요하다고 해서 국어가 <u>등한시되어서는</u> 안 된다. ( )

합성어

2 빈칸에 공통으로 들어갈 낱말을 쓰세요.

> • 주먹⬜ : 주먹처럼 둥글게 뭉친 밥 덩이.
> • 비빔⬜ : 고기나 나물 따위와 여러 가지 양념을 넣어 비벼 먹는 밥.
> • 국⬜ : 끓인 국에 밥을 만 음식. 또는 국에 미리 밥을 말아 끓인 음식.

( )

속담

3 다음 상황에 어울리는 속담에 ○표 하세요.

> 수아는 뭐든지 예쁘고 좋은 것만 가지려는 언니와 자주 다투었다. 참다못한 수아가 언니와 진지하게 대화를 나누고 서로 조금씩 양보하기로 했다. 그런 뒤 수아는 언니와 사이가 더 좋아졌다.

(1) 되로 주고 말로 받는다 → 조금 주고 그 대가로 몇 곱절이나 많이 받는 경우를 비유적으로 이르는 말. ( )

(2) 간에 붙었다 쓸개에 붙었다 한다 → 자기에게 조금이라도 이익이 되면 지조 없이 이편에 붙었다 저편에 붙었다 함을 비유적으로 이르는 말. ( )

(3) 비 온 뒤에 땅이 굳어진다 → 비에 젖어 질척거리던 흙도 마르면서 단단하게 굳어진다는 뜻으로, 어떤 시련을 겪은 뒤에 더 강해짐을 비유적으로 이르는 말. ( )

세상의 모든 어버이들께

세번 컬리스 스즈키

안녕하세요? 저는 세번 컬리스 스즈키입니다. 저는 어린이 환경 단체인 '에초 (ECHO)'를 대표해서 여기에 왔습니다. 〈중략〉 저는 미래의 모든 세대와 세계 곳곳 의 굶주리는 아이들을 대신해서 말하려고 이 자리에 섰습니다. 〈중략〉 우리나라 사 람들은 낭비가 너무 심합니다. 우리는 사고 버리고, 사고 버리고, 또 사고 버립니 다. 하지만 그러면서도 가난한 사람들과 나누려 하지 않습니다. ⟨ ㉠ ⟩ 우리가 가진 부의 일부를 내놓기가 두려운 것이겠죠. 우리는 캐나다에서 특권을 누 리며 살고 있습니다. 풍부한 음식과 물, 집뿐만 아니라 시계, 자전거, 컴퓨터, 텔레 비전도 ㉡가지고 있습니다.

저는 이틀 전에 이곳 브라질에서 거리에 사는 몇몇 아이들과 시간을 보내면서 충 격을 받았습니다. 그중 한 아이가 우리에게 이렇게 말하더군요.

"내가 부자라면 좋겠어. 만약 내가 부자라면 나는 거리의 모든 아이들에게 음식 과 옷, 약과 집, 사랑과 애정을 줄 거야."

아무것도 없는 거리의 아이도 기꺼이 ㉢나누어 주려고 하는데, 많은 것을 가지고 있는 우리는 왜 그렇게 인색한가요? 저는 이 아이들이 제 또래이고, 태어난 곳에 따라 엄청나게 달라질 수 있다는 생각을 떨칠 수가 없습니다. 제가 리우데자네이루 의 빈민가 아이들 중 한 명이나 소말리아의 굶주리는 아이, 중동의 전쟁 희생자, 인 도의 거지 중의 한 명이 될 수도 있었다는 생각도요. 저는 아이일 뿐이지만 전쟁에 쓰인 돈이 환경 문제를 해결하고 빈곤을 끝내는 데 쓰인다면, 이 지구가 얼마나 멋 진 곳으로 바뀔지 알고 있습니다.

학교에서도, 유치원에서도 어른들은 우리에게 착한 사람이 되라고 가르칩니다. 남과 싸우지 말고 존중하며, 자원을 절약하고, 몸과 주변을 치우고, 다른 생명체를 해치지 말고, 가진 것을 더불어 나누어야 한다고 말입니다. 그런데 왜 어른인 여러 분은 우리에게 말하는 것과 다른 행동을 하십니까?

㉣우리는 여러분의 자녀입니다. 여러분은 우리가 어떤 세상에서 살지 결정하고 있습니다. 〈중략〉 여러분은 항상 우리를 사랑한다고 말합니다. 저는 여러분에게 호 소합니다. 제발 여러분의 말이 행동에 반영되도록 노력해 주세요.

1

짜임

이 글을 읽는 방법으로 알맞은 것을 두 가지 고르세요. (　　　　　)

① 등장인물의 성격을 파악하며 읽는다.

② 말하는 목적이 무엇인지 파악하며 읽는다.

③ 리듬감을 느끼게 하는 것이 무엇인지 찾으며 읽는다.

④ 말하는 사람과 듣는 사람이 누구인지 파악하며 읽는다.

⑤ 설명 대상을 파악하고 내용이 정확한지 확인하며 읽는다.

2

내용 이해

이 글의 내용으로 알맞으면 ○표, 알맞지 <u>않으면</u> ×표 하세요.

(1) 세번 컬리스 스즈키는 아이들에게 모범을 보이는 어른들을 칭찬했다.　(　　　　)

(2) 세번 컬리스 스즈키는 부자가 되어서 거리의 아이들을 돕고 싶어 한다.　(　　　　)

(3) 세번 컬리스 스즈키는 캐나다 사람들이 낭비가 너무 심하다고 생각한다. (　　　　)

(4) 세번 컬리스 스즈키는 전쟁에 쓰인 돈이 환경과 빈곤 문제를 해결하는 데 쓰였어야 한다고 생각한다.　(　　　　)

3

추론

㉠에 들어갈 문장으로 알맞은 것을 찾아 기호를 쓰세요.

> ㉮ 이곳 브라질은 가난한 나라입니다.
>
> ㉯ 우리는 몇 해 전에 암에 걸린 물고기들을 보았습니다.
>
> ㉰ 심지어 충분히 가지고 있는데도 나누는 것을 두려워합니다.
>
> ㉱ 우리가 누리는 특권에 대해 말하자면 이틀은 더 걸릴 것입니다.

(　　　　　　　　)

4

어휘·표현

㉡과 ㉢의 준말을 각각 쓰세요.

(1) ㉡: (　　　　　　　　　　) 　　(2) ㉢: (　　　　　　　　　　)

5

ㄹ에 대해 알맞게 평가한 친구의 이름을 쓰세요.

근찬: 사실이 아닌 것을 말해서 설득력을 떨어뜨리고 있어.

은비: 세계적인 문제를 가족 문제로 생각하게 함으로써 듣는 사람의 감정에 호소하는 데 효과적이야.

지섭: 말하는 사람이 제기하는 문제가 개인적인 문제임을 드러내 듣는 사람의 공감을 얻는 데 방해가 되고 있어.

(   )

6

세번 컬리스 스즈키가 어른들에게 요구하는 것은 무엇인가요? (   )

① 아이들을 더 많이 사랑해 주세요.

② 어린이가 노동에 시달리지 않도록 해 주세요.

③ 빈곤 문제를 해결하는 일에 적극적으로 나서 주세요.

④ 학교에서 아이들이 어떻게 행동하는 것이 바람직한지 가르쳐 주세요.

⑤ 어린이 동물 보호 단체가 활발히 활동할 수 있도록 여러 가지 도움을 주세요.

7

다음 선생님의 말을 읽고 세계 빈곤 문제를 해결하기 위한 방법을 떠올린 것으로 알맞지 <u>않은</u> 것에 ×표 하세요.

선생님: 예전부터 국제기구와 여러 단체가 가난한 아프리카에 많은 돈과 식량, 옷 등을 마련해 무료로 주었어요. 하지만 아프리카 사람들은 여전히 굶주림에 시달리고 있어요. 구호품들이 그 나라가 스스로 일어설 수 있는 의지를 꺾기 때문이죠. 세계 빈곤 문제를 해결하려면 물고기를 주는 것보다 물고기 잡는 방법을 가르쳐 주는 게 더 바람직해요.

(1) 국제기구와 여러 단체가 빈곤한 나라에 공장 등을 지어 일자리를 마련해 준다.

(   )

(2) 빈곤한 나라에 학교를 지어 어린이들을 교육하면 어린이들이 지식과 기술 등을 배워 스스로 빈곤에서 벗어날 수 있다. (   )

(3) 빈곤한 나라를 도와주는 국제기구와 단체를 더 많이 만들고 이들이 더 많은 돈과 물품을 마련해 빈곤한 나라에 무료로 준다. (   )

어휘력 강화

1 빈칸에 알맞은 낱말을 보기 에서 찾아 쓰세요.

> 보기
>
> 특권   인색   호소

⑴ 명우는 태풍으로 피해를 입은 지역을 돕자고 (   )했다.

⑵ 이웃 간의 정을 중시하던 사람이 점점 기부에 (   )해졌다.

⑶ 스포츠 센터의 회원이 되면 수영장을 무료로 이용할 수 있는 (   )이/가 주어진다.

시간 표현

2 밑줄 친 부분을 바르게 고쳐 쓰세요.

> 나는 이틀 전에 놀이터에서 친구를 만날 것이다.

(   )

사자성어

3 다음 할머니의 모습과 관련 있는 사자성어에 ○표 하세요.

> 우리에게 항상 절약하라고 말씀하시는 할머니께서는 꼭 물을 받아서 세수하시고 구멍 난 양말도 기워 신으신다.

⑴ 언행일치(言行一致) → 말과 행동이 하나로 들어맞음. 또는 말한 대로 실행함.

(   )

⑵ 표리부동(表裏不同) → 겉으로 드러나는 말과 행동이 속으로 가지는 생각과 다름.

(   )

⑶ 칠전팔기(七顚八起) → 일곱 번 넘어지고 여덟 번 일어난다는 뜻으로, 여러 번 실패하여도 굴하지 아니하고 꾸준히 노력함을 이르는 말.

(   )

가

2018년 6월, 우리나라 제주도에 무비자로 *입국한 예멘 사람 500여 명이 난민 신청을 한 것이 알려지면서 논란이 일어났어요. 유럽과 미국의 문제라고만 생각했던 난민 문제가 우리나라에서도 벌어진 거예요. 예멘 사람들은 나라 안에서 일어난 전쟁을 피해 우리나라에 왔어요. 우리나라는 예멘과 비슷하게 과거에 6·25 전쟁을 겪었어요. 그래서 다른 나라보다 더욱 적극적으로 난민을 받아들이고 도와야 해요. 우리나라에 갑자기 찾아온 난민을 왜 받아들여야 할까요?

첫째, 어려움에 처한 사람들을 돕는 것은 도덕적으로 ㉠바람직한 행동이기 때문이에요. 난민은 정치적으로 다른 의견을 ㉡내세웠다가 박해를 받거나, 다른 종교를 믿거나 민족이 다르다는 이유로 생명의 위협을 받는 어려움을 겪어 어쩔 수 없이 살던 곳을 떠나게 된 사람들이에요. 따라서 난민을 모른 척하는 것은 인간의 도리가 아니에요.

둘째, 우리나라는 난민을 보호해야 할 ㉢의무가 있기 때문이에요. 우리나라는 1992년 유엔 난민 협약에 가입해서 2013년부터 아시아 최초로 난민법을 만들어 *시행하고 있는 나라예요. 우리나라도 6·25 전쟁이 일어났을 때 다른 나라들의 도움을 받았어요. 이제 우리가 난민을 적극적으로 받아들여 국제 사회의 구성원으로서 의무를 다할 차례예요.

셋째, 난민을 받으면 국가 경제에도 도움이 될 수 있어요. 프랑스의 경제학자와 수학자들이 약 30년간 유럽 15개국에 난민이 미친 경제적 효과를 연구했어요. 그 결과, 난민을 받아들이고 나서 3~5년 뒤부터 국내 총생산(GDP)이 늘어 국가 경제에 도움이 되는 것으로 나타났지요. 왜냐하면 난민들이 당장 일할 수 있는 나이의 사람들이었기 때문이에요. 유럽에서는 난민들을 받게 되면서 *고령화 때문에 부족해진 일손을 보충할 수 있었고 사람들이 ㉣꺼리는 일자리에 일할 사람이 생겨 오히려 실업률도 낮아졌대요.

▲ 다른 나라로 향하는 난민들

● 지문의 난이도
상 중 **하**

● 문제의 난이도
상 중 **하**

▶ **낱말 뜻**

＊입국한: 자기 나라 또는 남의 나라 안으로 들어간.

＊시행하고: 법령을 공포한 뒤에 그 효력을 실제로 발생시키고.

＊국내 총생산: 한 나라의 가계, 기업, 정부가 일정 기간 동안 생산한 물건이나 서비스를 돈으로 평가해 모두 합친 것.

＊고령화: 한 사회에서 노인의 인구 비율이 높은 상태로 나타나는 일.

나

1 유럽 사회가 난민 문제로 골치를 앓고 있어요. 전쟁이나 테러뿐 아니라 경제 사정이 좋지 않아 유럽으로 몰려드는 난민들이 늘어나면서 난민들이 벌이는 범죄도 늘어났고 난민을 위한 복지 비용으로 많은 돈이 들었기 때문이에요. 난민을 먼저 받아들인 유럽의 상황을 볼 때, 우리나라도 난민을 함부로 받아들여서는 안 돼요. 그 까닭은 다음과 같아요.

2 첫째, 경제적인 도움을 얻으려고 난민이라는 ㉤지위를 *악용하는 사람들이 있기 때문이에요. 외국인들이 난민 신청을 하면 즉시 *인도적 *체류 허가를 받아서 합법적으로 우리나라에 머무를 수 있어요. 난민으로 인정받지 못해도 최대 2년 4개월 동안 우리나라에 머물며 일자리를 구해 돈을 벌 수 있지요. 그러나 일자리를 구하고 돈을 벌기 위해 난민 신청을 악용하는 사람들은 전쟁의 위협을 피해 탈출한 사람들마저 난민으로 인정받지 못하게 만들고 있어요.

3 둘째, 유럽처럼 테러가 일어날 가능성이 높고 범죄율이 증가하기 때문이에요. 난민으로 *위장해 유럽으로 들어온 이슬람 테러 조직들은 유럽에서 많은 시민을 죽이거나 공공장소에 불을 지르는 등 끔찍한 범죄를 많이 저질렀어요. 난민들은 거의 대부분 범죄자들이에요. 우리나라 국민들의 안전을 위해서 난민을 함부로 받아들여서는 안 돼요.

4 셋째, 난민을 지원하기 위한 비용이 부족하기 때문이에요. 독일의 경우, 2015년 한 해 동안 난민 지원 비용으로 20조 원이나 들었어요. 그러나 2019년 우리나라의 난민 관련 예산은 겨우 29억 원이었어요. 우리나라가 난민을 받아들이려면 더 많은 비용이 필요한데, 당장 난민에 대한 지원 비용을 늘리면 나라 살림에 부담이 돼요.

▲ 난민 캠프에 필요한 음식을 준비하는 모습

5 이렇게 난민 신청을 악용하는 사람들과 테러 가능성, 지원 비용 부족 때문에 우리나라에서 난민을 받아들이는 일은 신중하게 결정해야 해요.

• 유엔 난민 기구가 밝힌 난민 동향

유엔 난민 기구가 발표한 「연례 글로벌 동향 보고서 2020」에 따르면 2019년 말 난민은 모두 7950만 명으로, 전 세계 인구의 1퍼센트 이상에 해당한다. 이들 중 다시 자기 나라로 돌아가는 사람은 계속해서 줄어들어 1990년 대에는 매해 평균 150만 명 정도의 난민이 자기 나라로 돌아갔지만, 지난 10년 간은 매해 38만 5000명 수준으로 그 수가 줄었다.

> **낱말 뜻**

*악용하는: 알맞지 않게 쓰거나 나쁜 일에 쓰는.

*인도적: 사람으로서 마땅히 지켜야 할 도리에 관계되는.

*체류: 객지에 가서 머물러 있음.

*위장해: 본래의 정체나 모습이 드러나지 않도록 거짓으로 꾸며.

1 글 **가**와 **나**는 어떤 문제에 대한 찬반 의견인가요? (　　　)

① 난민이 생기는 까닭은 무엇인가?

② 난민 문제는 누가 해결해야 하는가?

③ 우리나라에 난민을 받아들여야 하는가?

④ 난민을 위한 법과 제도를 만들어야 하는가?

⑤ 난민을 혐오하는 사람들을 처벌해야 하는가?

2 글 **가**와 **나**의 글쓴이가 제시한 근거를 각각 찾아 기호를 쓰세요.

> ㉮ 난민 범죄가 늘어난다.　　　　　　㉯ 국가 경제에 도움이 된다.
>
> ㉰ 난민에 대한 지원 비용이 부족하다.　㉱ 우리나라는 난민 보호 의무가 있다.

(1) 글 **가**: (　　　　　　　)　　(2) 글 **나**: (　　　　　　　)

3 다음은 글 **가**와 **나** 중 어느 글과 같은 의견인지 기호를 쓰세요.

> 　시리아나 예멘은 모두 정치적으로 불안하거나 전쟁이 일어나 난민이 발행한 나라들이에요. 이 나라들이 속한 중동 지역에 분쟁을 일으키고 그 과정에서 수익을 올리고 있는 나라들은 미국과 유럽 국가들이지요. 따라서 우리나라가 아닌 미국과 유럽 국가들이 난민 문제를 책임져야 해요.

(　　　　　　　)

4 글 **가**의 끝부분에 들어갈 내용으로 알맞은 것에 ○표 하세요.

(1) 세계 평균과 비교할 때 우리나라는 난민으로 인정받기 어려운 나라예요. 2019년 우리나라에서 난민으로 인정받은 사람은 42명으로 0.4%에 불과해요. 　(　　　)

(2) 어려운 이웃을 돕는 바른 행동이라는 점과 난민 협약에 가입되어 있다는 점, 경제적 도움이 예상된다는 점에서 우리나라는 난민을 받아들이는 일에 적극적으로 나서야 해요. 　(　　　)

5 글 **가**의 글쓴이가 다음 기사를 읽고 보일 수 있는 반응으로 알맞은 것에 ○표 하세요.

적용·창의

> 터키 해안에서 세 살배기를 포함한 시리아 난민 어린이들의 시신이 발견돼 세계 인들을 울리고 있다. 어제 아침 세 살배기 쿠르디와 다섯 살인 형 갈립의 작은 몸이 터키 해변으로 떠밀려 왔다. 두 형제는 시리아 난민으로, 어제 새벽 부모 등 23명과 함께 보트를 타고 터키에서 그리스로 가던 중 배가 뒤집히는 사고를 당했다. 모두 12명이 숨졌는데 두 형제를 포함한 8명이 어린이였다.
> – 20○○. 07. 13, △△신문

(1) 허락도 받지 않고 시리아 난민 어린이의 이름을 밝히다니 어린이의 존엄성을 보호하라고 항의해야겠어. ( )

(2) 어린이들까지 죽음을 무릅쓰고 탈출할 정도로 난민들의 상황이 절박하구나. 난민들을 도울 수 있는 방법을 생각해 봐야겠어. ( )

(3) 위험한 상황인 것을 알면서도 어린이들을 보트에 태운 것은 어른들의 잘못이야. 어린이들을 희생시킨 어른들을 처벌해야 해. ( )

6 ㉠~㉤을 바꾸어 쓴 것으로 알맞지 <u>않은</u> 것은 무엇인가요? ( )

어휘·표현

① ㉠ 바람직한 → 바른
② ㉡ 내세웠다가 → 밝혔다가
③ ㉢ 의무 → 권리
④ ㉣ 꺼리는 → 싫어하는
⑤ ㉤ 지위 → 신분

7 글 **나**의 **3**문단에서 제시한 근거를 알맞게 판단한 친구의 이름을 쓰세요.

비판

> 민규: 난민들 모두 범죄를 저지를 가능성이 있다고 생각하는 것은 편견이므로 근거로 적절하지 못해.
> 유준: 유럽에서 일어난 사건들은 모두 이슬람 테러 조직이 저지른 것이므로 주장을 잘 뒷받침하고 있어.
> 수경: 제주도에서 난민을 신청한 사람 중에는 젊은 남자들이 많았어. 젊은 남자들은 범죄를 저지를 확률이 높으므로 근거로 적절해.

( )

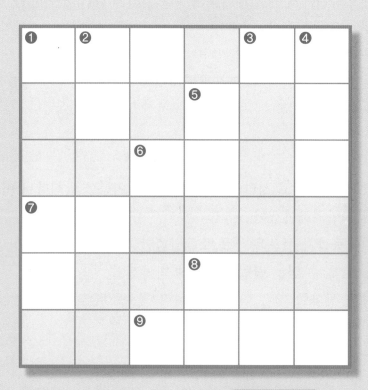

가로 →

❶ 재물이 계속 나오는 보물단지.

❸ 개인이나 집단 사이에 목표나 이해관계가 달라 서로 적대시하거나 충돌함. 또는 그런 상태. 예 세대 간의 ○○

❻ 본래의 정체나 모습이 드러나지 않도록 거짓으로 꾸밈. 또는 그런 수단이나 방법.

❼ 수량이나 범위 따위를 제한하여 정함. 또는 그런 한도.
예 회원 자격을 졸업생으로 ○○했다.

❾ 말과 행동이 하나로 들어맞음. 또는 말한 대로 실행함.
예 간디는 ○○○○의 삶을 살았다.

세로 ↓

❷ 다른 나라로부터 상품이나 기술 따위를 국내로 사들임. 예 농산물 ○○

❹ 소홀하게 보아 넘김.
예 관련 단체의 책임 ○○○로 장애인들이 불편을 겪고 있다.

❺ 나서 자람. 또는 그런 과정.
예 식물의 ○○과 발육

❼ 어느 하나의 편이나 방향. 예 두 친구의 말을 들어 보았지만 어느 ○○의 의견에도 찬성할 수 없었다.

❽ 법령을 공포한 뒤에 그 효력을 실제로 발생시키는 일.

정답 및 해설 16쪽에서 확인하세요.

앗!

[정답 및 해설]이 어디 도망갔다고요?
길벗스쿨 홈페이지에 들어오세요.
도서 자료실에 딱 준비되어 있습니다!

기적의 독해력

실력편

정답 및 해설

8권

DAY

1 ⑤ **2** 대장장이, 옹기장이 **3** ⑤ **4** ④ **5** ③, ⑤
6 (3) × **7** ㉮

어휘력 강화 **1** (1) 온데간데없이 (2) 아랑곳하지
(3) 신세타령 **2** ⑤ **3** (1) 입에 풀칠하기도
(2) 꼬리가 길면 밟힌다고

1 이 글은 갓장이 할아버지가 도깨비에게 받은 도깨비감투를 쓰면서 일어난 일을 쓴 이야기입니다.

2 '-장이'는 '그것과 관련된 기술을 가진 사람.'이라는 뜻을 더하는 말이고, '-쟁이'는 '그 속성을 많이 가진 사람.' 또는 '그 일을 주로 하는 사람.'이라는 뜻을 더하는 말입니다. 따라서 주어진 낱말 중에서 '-장이'가 알맞게 붙은 낱말은 '대장장이'와 '옹기장이'입니다.

3 도깨비감투를 쓴 할아버지의 목소리는 들렸지만 모습은 보이지 않았습니다.

4 할머니는 도깨비감투를 쓰고 돈과 물건을 훔치는 할아버지에게 꼬리가 길면 밟히니 그만두라고 했습니다.

5 할아버지가 돈과 물건을 훔치는 모습에서 할아버지가 이기적이고 욕심 많은 성격임을 짐작할 수 있습니다.

6 (3)의 친구는 할아버지가 한 일을 잘못 파악하여 말했습니다.

7 도깨비감투를 써도 흰 천으로 기운 부분 때문에 사람들 눈에 띄게 되었으므로, 할아버지는 도깨비감투를 쓸모없다고 생각했을 것입니다.

어휘력 강화

1 (1) **온데간데없이**: 흔적도 없이 사라져서 찾을 수가 없게.
(2) **아랑곳하다**: 일에 나서서 참견하거나 관심을 두다.

2 빈칸에는 모두 '자리'나 '장소'의 뜻을 나타내는 '터'가 들어가야 합니다.

3 (1) 그가 주말에 아르바이트를 하는 까닭이 들어가야 하므로, '입에 풀칠하기도'가 알맞습니다.
입에 거미줄 치다: 가난하여 먹지 못하고 오랫동안 굶다.
(2) 뒤에 거짓 소문을 내서 형을 괴롭히던 사람이 누구인지 밝혀졌다는 내용이 나오므로, '꼬리가 길면 밟힌다고'가 알맞습니다.
꼬리가 빠지게: 몹시 빨리 도망치거나 달아나는 모습을 비유적으로 이르는 말.

DAY

1 ②, ④ **2** ② **3** 윤아 **4** (3) ○ **5** (2) ○
6 (1) 천대 (2) 장점 (3) 식량 자원 **7** (1) ○

어휘력 강화 **1** (1) 폭발적 (2) 천대 (3) 완전식품
2 먹지 않는다 **3** (2) ○

1 ❶문단에 감자가 천대받았던 까닭이, ❷~❺문단에 감자의 장점이, ❻문단에 오늘날 감자의 중요성에 대해 나와 있습니다.

2 '척박하다'는 '땅이 기름지지 못하고 몹시 메마르다.'라는 뜻으로, 반대말로는 '기름지다'가 있습니다.

3 ㉡은 국제 연합 식량 농업 기구라는 공인된 기관의 자료이면서 최근 자료이므로 믿을 수 있습니다.

4 ❷~❺문단에서 감자의 장점을 첫째, 둘째, 셋째로 나열해 설명했습니다.

5 ❻문단은 오늘날 감자가 중요한 식량 자원으로 자리 잡았으며, 전 세계 감자 생산량이 증가하였다는 내용의 글입니다. 따라서 ❻문단에 덧붙일 자료로 알맞은 것은 ⑵입니다.

6 감자의 장점이 널리 알려지면서 사람들의 사랑을 받게 되었고, 오늘날 중요한 식량 자원이 되었다는 것이 이 글의 중심 생각입니다.

7 루이 16세는 호위병들에게 감자밭을 지키게 하여 감자에 대한 사람들의 생각을 변화시켰고, 이는 프랑스에 감자가 널리 퍼지는 결과를 가져왔습니다.

어휘력 강화

1 (1) **폭발적**: 무엇이 갑작스럽게 일어나는 것.
(2) **천대하다**: 업신여겨 천하게 대우하거나 푸대접하다.

2 '전혀'는 '않다', '없다' 등 주로 부정하는 뜻을 나타내는 말과 함께 쓰입니다.

3 식량이 부족해져서 사람들이 굶주리는 일을 막기 위해 감자 재배를 장려하고 있다는 내용의 문장이므로, 빈칸에는 준비의 중요성을 강조한 '유비무환(有 있을 유 備 갖출 비 無 없을 무 患 근심 환)'이 들어가야 알맞습니다.

3 DAY

1 사군자 **2** ② **3** ①, ③ **4** 식물 **5** ㉡ **6** 동재
7 ③, ⑤

어휘력 강화 **1** (1) 절개 (2) 기품 (3) 은은한 **2** ⑤
3 ③

1 이 글은 사군자의 특성과 사군자에 담겨 있는 덕목에 대해 설명했습니다.

2 글을 읽는 사람의 흥미를 끌고 무엇에 대해 설명할지 밝힌 ㉯가 설명하는 글의 처음 부분에 해당합니다. ㉮는 설명 대상을 구체적으로 설명한 가운데 부분에 해당하며, 앞서 설명한 내용을 정리한 ㉰는 끝부분에 해당합니다.

3 ㉮와 ㉰에서 사군자에는 지조, 절개, 충성심 등이 담겨 있다고 하였습니다.

4 '식물'은 '국화', '난초', '매화', '대나무'를 모두 포함하는 낱말입니다.

5 문제에 주어진 글은 사군자가 매란국죽의 순서를 가지게 된 까닭에 대해 설명하는 내용으로, ㉡에 들어가기에 알맞습니다.

6 이 글에 시대에 따라 사군자를 이루는 식물의 종류가 달라졌다는 내용은 나와 있지 않습니다.

7 이 글과 관련해 더 알아볼 내용은 사군자와 관련 있는 것이어야 하므로, ③과 ⑤가 알맞습니다.

어휘력 강화

1 (3) **은은하다**: 냄새가 진하지 않고 그윽하다.

2 '되'는 낱말의 앞에 붙어 '다시'의 뜻을 더해 줍니다.

3 ① **발을 끊다**: 오가지 않거나 관계를 끊다.
② **얼굴을 들다**: 남을 떳떳이 대하다.
③ **무릎을 꿇다**: 항복하거나 굴복하다.
④ **바닥을 비우다**: 일정한 분량의 것을 남김없이 다 없애다.
⑤ **눈을 똑바로 뜨다**: 정신을 차리고 주의를 기울이다.

4 DAY

1 ②, ③, ④ **2** (2) ○ **3** ①, ③ **4** 예 지하수가 고갈될 수 있다. **5** 경아 **6** ③ **7** (3) ○

어휘력 강화 **1** (1) 유기농 (2) 인근 (3) 마구잡이
2 않음으로써 **3** (3) ○

1 문제 상황과 글쓴이의 주장이 나타난 ❶문단은 서론, 주장에 대한 근거가 나타난 ❷~❹문단은 본론에 해당합니다.

2 ㉠과 같이 '어떤 결과를 이루거나 가져오다.'라는 뜻으로 쓰인 것은 (2)입니다.
(1) **낳다**: 배 속의 아이, 새끼, 알을 몸 밖으로 내놓다.
(3) **낳다**: 어떤 환경이나 상황의 영향으로 어떤 인물이 나타나도록 하다.

3 ㉡에는 ②, ④, ⑤와 같이 숲의 기능이 사라졌을 때의 문제점이 들어갈 수 있습니다.

4 문제에 주어진 사실은 ❹문단에 나온 근거의 뒷받침 내용입니다. 골프장을 채운 모래와 인공 흙이 빗물을 저장하지 못하기 때문에 잔디 상태를 유지하기 위해서는 많은 양의 물이 필요합니다. 따라서 지하수가 고갈될 수 있습니다.

5 글쓴이가 제시한 세 가지 근거 모두 주장과 관련 있고 주장을 잘 뒷받침하므로 타당한 근거입니다.

6 글쓴이의 주장이 담긴 ③이 제목으로 알맞습니다.

7 문제에 주어진 글은 환경을 위해 경제 개발을 포기한다면 퇴보하게 될 것이라는 내용입니다. 따라서 문제에 주어진 글과 이 글을 바탕으로 (3)과 같은 토론 주제를 만들 수 있습니다.

어휘력 강화

1 (2) **인근**: 이웃한 가까운 곳.
(3) **마구잡이**: 이것저것 생각하지 아니하고 닥치는 대로 마구 하는 짓.

2 '-으로써'는 주로 '-ㅁ/-음' 뒤에 붙어 어떤 일의 이유를 나타냅니다. 따라서 '않음'에 '-으로써'가 붙은 '않음으로써'가 올바른 표현입니다.

3 문제에 주어진 문장은 카페들이 많이 생겨났다는 내용이므로, 빈칸에 들어갈 사자성어로는 '우후죽순(雨 비 우 後 뒤 후 竹 대 죽 筍 죽순 순)'이 알맞습니다.

1 ㉣　**2** ⑴ ×　⑵ ×　⑶ ○　⑷ ○　**3** 댓가 → 대가
4 ⑩ 병에 걸려 아프거나 목숨을 잃기도 한다.
5 ⑵ ○　**6** ④　**7** 지원, 수호

1 글 **가**는 공정 무역을 하면 좋은 점 세 가지를, 글 **나**는
일상생활 속에서 착한 소비를 실천하는 방법 두 가지를
늘어놓으며 글을 전개했습니다.

자세하게

글의 짜임의 종류

순서 짜임	시간이나 공간의 순서에 따라 설명하는 글의 짜임
비교와 대조 짜임	두 대상의 공통점과 차이점을 중심으로 설명하는 글의 짜임
문제와 해결 짜임	해결할 문제와 그에 대한 해결 방법을 제시하는 글의 짜임
나열 짜임	하나의 주제에 대하여 몇 가지 특징을 늘어놓는 글의 짜임

2 ⑴ 공정 무역은 아동 노동과 강제 노동을 금지하기 때문
에 아이들을 노동에서 벗어나게 할 수 있습니다.
⑵ 공정 무역은 중간 상인, 커피를 만들어 파는 회사를
거치지 않고 주로 생산자 단체와 직접 거래합니다.

3 '일을 하고 그에 대한 값으로 받는 보수.'를 뜻하는 낱말
은 '대가'입니다.

4 ㉠에는 다국적 기업이 농약과 화학 비료를 많이 써서 농
사를 짓게 한 결과, 개발 도상국 생산자의 건강이 어떻게
되었는지에 대한 내용이 들어가야 합니다.

5 글 **나**의 글쓴이는 일상생활 속에서 착한 소비를 실천하
는 방법을 주장에 대한 근거로 들었습니다. 따라서 글쓴
이의 주장으로는 ⑵가 알맞습니다.

6 대형 마트는 많은 노동력과 전기 등의 자원을 소비하며,
소비자를 흡수해 주변 상점이 문을 닫게 합니다. 따라서
대형 마트 대신 재래시장이나 동네 상점에서 물건을 사
는 것이 착한 소비입니다.

7 공정 무역과 착한 소비는 모두 공평하고 건강한 세상을
만드는 방법에 해당합니다. 또 공정 무역은 선진국과 개
발 도상국 사이의 불공정한 무역을 고치기 위해 시작되
었다는 점에서 국가 간의 착한 소비라고 할 수 있습니다.

1 ②　**2** ㉠, ㉣ / ㉡, ㉢, ㉤　**3** (아기는 태어나서 아직
아무것도 만지지 아니한 손으로) 햇빛을 주무르고 있습
니다.　**4** ①, ③, ④　**5** 찬호　**6** ⑤　**7** ⑴ ⑩ 인형
⑵ ⑩ 비단

어휘력 강화　**1** ⑴ 봇우물　⑵ 바야흐로　⑶ 깜작였다
2 ⑴ 폭　⑵ 쌍　**3** ⑤

1 이 시는 각 연을 행의 구분 없이 줄글처럼 이어서 썼습니다.

2 ㉠과 ㉣은 손으로 만지듯이 표현한 것이고, ㉡과 ㉢, ㉤
은 눈으로 보듯이 표현한 것입니다.

3 1연의 '햇빛을 주무르고 있습니다.'는 아기가 햇빛이 비친
손을 오므렸다 폈다 하는 모습을 표현한 부분입니다.

4 마루 위에 누워 있는 아기의 모습, 울타리 위에 마주 앉
은 청제비 한 쌍의 모습, 아기를 바라보며 흐뭇한 웃음을
짓는 엄마의 모습에서 밝고 다정하며 평화로운 분위기를
느낄 수 있습니다.

5 흐뭇한 웃음을 지으며 아기를 바라보는 엄마의 모습에서
엄마의 행복한 마음을 느낄 수 있습니다.

6 이 시는 따뜻한 햇빛이 비치는 봄날, 엄마와 아기가 함께
있는 풍경의 아름다움을 노래하고 있습니다.

7 ⑴의 빈칸에는 아기처럼 예쁜 대상이, ⑵의 빈칸에는 햇
빛처럼 부드러운 대상이 들어갈 수 있습니다.

어휘력 강화

1 ⑶ **깜작이다**: 눈이 살짝 감겼다 뜨였다 하다. 또는 그렇
게 되게 하다.

2 '폭'은 하나로 연결하려고 같은 길이로 나누어 놓은 종이
나 천 등의 조각, 또는 그림이나 족자 등을 세는 단위이
고, '쌍'은 둘을 하나로 묶어 세는 단위입니다.

3 ① **하늘에 맡기다**: 운명에 따르다.
② **가슴에 멍이 들다**: 마음속에 쓰라린 고통과 모진 슬픔
이 지울 수 없이 맺히다.
③ **코끝도 볼 수 없다**: 도무지 나타나지 아니하여 전혀
볼 수 없다.
④ **숨 돌릴 사이도 없다**: 가쁜 숨을 가라앉힐 정도의 여
유도 없다.
⑤ **눈에 넣어도 아프지 않다**: 매우 귀엽다.

1 ④ 2 (1) × (2) ○ (3) × 3 태민 4 (2) ○
5 라에네크의 청진기 이후 청진기는 다양하게 개량되었
어요. 6 (2) ○ 7 ①, ③, ④

어휘력 강화 1 (1) 민망 (2) 영감 (3) 개량 2 (1) 사과예요
(2) 돼요 3 ③

1 라에네크가 발명한 청진기는 속이 빈 원통형 나무로 만들어졌으며, 굵고 일자형이었습니다.

2 (1)과 (3)의 '발명'은 '발견'으로 고쳐 써야 합니다.

3 비만인 여성의 심장 박동 소리를 듣기 위해 아이들의 놀이를 보았던 기억을 떠올려 청진기를 발명한 라에네크는 관찰력과 응용력이 뛰어나다고 할 수 있습니다.

4 ⓒ은 라에네크의 청진기와 코민스의 청진기의 차이점에 대해 설명한 부분입니다.

5 ❸문단의 첫 문장이 중심 문장입니다.

6 ❷문단과 ❸문단에 나오는 여러 가지 청진기의 실제 모습을 알 수 있는 사진이나 그림을 넣으면 내용을 이해하는 데 도움이 될 것입니다.

7 라에네크는 직접 환자의 가슴에 귀를 대고 소리를 듣는 불편함을 해결하려고 청진기를 발명해 사람이나 동물이 건강하게 사는 데 도움을 주었습니다. 또 서대웅 학생은 신호등의 초록불이 언제 바뀌는지 알 수 없는 불편함을 해결하기 위해 예측 가능 신호등을 발명해 사람들이 안전하게 사는 데 도움을 주었습니다. 따라서 두 글을 읽고 ①, ③, ④와 같은 포스터 문구를 만들 수 있습니다.

어휘력 강화

1 (1) **민망하다**: 낯을 들고 대하기가 부끄럽다.

2 (1) '이에요'는 받침이 없는 말 뒤에서 '예요'로 줄여 쓸 수 있습니다.
(2) '되어요'에서 '되어'는 '돼'로 줄여 쓸 수 있습니다.

3 ① **손을 멈추다**: 하던 동작을 잠깐 그만두다.
② **뜸을 들이다**: 일이나 말을 할 때에, 쉬거나 여유를 갖기 위해 서둘지 않고 한동안 가만히 있는 경우를 비유적으로 이르는 말.
③ **땀을 흘리다**: 힘이나 노력을 많이 들이다.
④ **코웃음을 치다**: 남을 깔보고 비웃다.
⑤ **제자리에 머물다**: 발전이 없다.

1 (2) ○ 2 **예** 멧돼지의 서식지가 줄어들었고 멧돼지의
수가 증가했기 때문이다. 3 세연 4 ②, ④ 5 ⓝ
6 ④ 7 (3) ○

어휘력 강화 1 (1) ○ (3) ○ 2 (1) 한 마리를
(2) 가는 것이 3 (3) ○

1 ㉮에서 10월 들어 세종시에 멧돼지의 출몰이 잦아진 상황을 전하였습니다.

2 ㉯에서 □□□ 교수는 신도시를 건설하거나 골프장 등을 만들면서 멧돼지의 서식지가 줄어들었고, 요즘 겨울 날씨가 따뜻하고 눈이 적게 와 멧돼지의 수가 증가했기 때문에 도심에 멧돼지가 자주 출몰한다고 말했습니다.

3 ㉠은 멧돼지의 특성과 관련된 인터뷰 내용이어서 세종시의 주민들이 멧돼지 출몰로 인해 불안에 떨고 있다는 내용을 뒷받침하는 자료로 알맞지 않습니다.

4 ⓒ과 같이 '목청을 높여 소리를 크게 내다.'라는 뜻으로 쓰인 것은 ②와 ④입니다.

5 두 자료 모두 멧돼지가 도심에 자주 출몰하는 이유를 뒷받침하는 자료이므로, ㉯에 넣기에 알맞습니다.

6 이 기사문의 중심 내용은 세종시에 멧돼지가 잇따라 출몰해 주민들이 불안에 떨고 있다는 것이므로, 제목으로 ④가 알맞습니다.

7 문제에 주어진 글은 야생 동물이 사람에게 입히는 피해도 크지만 사람에게 잡혀 목숨을 잃는 야생 동물도 많다는 내용입니다. 이 기사문과 문제에 주어진 글을 통해 사람과 야생 동물이 함께 살 수 있는 방법은 무엇인지 생각해 볼 수 있습니다.

어휘력 강화

2 (1) 수를 나타내는 말과 단위를 나타내는 말은 띄어 써야 합니다.
(2) '것'은 다른 낱말과 함께 쓰이는 낱말로, 앞 낱말과 띄어 써야 합니다.

3 멧돼지의 수가 늘어났기 때문에 멧돼지가 도심에 출몰하는 횟수가 많아진 것은 당연한 일이라는 내용의 문장이므로, 빈칸에 들어갈 사자성어로는 '당연지사(當 마땅할 당 然 그럴 연 之 갈 지 事 일 사)'가 알맞습니다.

1 (1) ○　　2 그런데 최근 우리나라에서도 핼러윈 본래의 의미와 관계없이 축제만을 즐기는 사람들이 늘고 있습니다.　　3 ③　　4 시아　　5 ②　　6 ⑩ 제과업체, 의류업체 등에서 많은 돈을 벌기 위해 갖가지 상품을 내놓고 행사를 벌여 사람들에게 사게 하는 것이다.　　7 (2) ○

어휘력 강화　　1 (1) 분장　(2) 상술　(3) 교류

2 (1) 쫓아　(2) 좇아　(3) 유례　(4) 유래

3 ④

1　지호의 마지막 말을 통해 토론의 주제를 알 수 있습니다.

3　세계 여러 나라가 다양한 분야에서 교류하고 가까워지는 것을 '세계화'라고 합니다.

4　ⓛ은 외국 문화보다 우리나라의 전통문화에 더 관심을 가져야 한다는 근거와 관련 없는 내용으로, 뒷받침 문장으로 적절하지 않습니다.

5　ⓒ에는 평소와 다른 친구의 모습을 보는 것만으로도 재미가 있다는 영재의 말과 관련된 ②가 들어가야 합니다.

6　찬혁이의 말을 통해 기업의 상술이 무엇인지 알 수 있습니다.

7　찬혁이의 의견에 대해 반박하려면 핼러윈 때문에 쓰이는 돈의 긍정적인 점을 들어 핼러윈을 즐겨도 된다는 의견을 말해야 합니다.

어휘력 강화

1　(1) **분장하다**: 등장인물의 성격, 나이, 특징 따위에 맞게 배우를 꾸미다.

2　(1) **쫓다**: 어떤 대상을 잡거나 만나기 위하여 뒤를 급히 따르다.
　　(2) **좇다**: 남의 말이나 뜻을 따르다.
　　(3) **유례**: 이전부터 있었던 사례.
　　(4) **유래**: 사물이나 일이 생겨남. 또는 그 사물이나 일이 생겨난 바.

3　① **붓을 들다**: 글을 쓰기 시작하다.
　　② **손을 벌리다**: 무엇을 달라고 요구하거나 구걸하다.
　　③ **혀를 차다**: 마음이 언짢거나 유감의 뜻을 나타내다.
　　④ **두 손 들다**: 전적으로 환영하거나 찬성하다.
　　⑤ **배를 두드리다**: 생활이 풍족하거나 살림살이가 윤택하여 안락하게 지내다.

---

1 ⑤　　2 ①　　3 (1) 국　(2) 정　(3) 정　(4) 국　(5) 국

4 (1) 정당은 → 국민(들)은　(2) 일하지 않아요 → 일해요

5 ㉮, ㉣ / ㉯, ㉰, ㉲　　6 (1) 국회　(2) 정당　(3) 유리
(4) 밀접하다　　7 (3) ○

1　글 **가**는 정당, 글 **나**는 국회에 대한 지식을 전하고 있습니다. 정당과 국회는 모두 정치와 관련 있습니다.

2　문제에 제시된 글은 일상생활 속의 경험을 바탕으로 정당에 대한 호기심을 불러일으키는 내용이므로, ㉮의 바로 앞에 들어가는 것이 알맞습니다.

3　(1), (4), (5)에서 설명한 국회는 '입법부'라고도 하며, 나라의 살림살이를 결정하고, 정부가 나랏일을 잘하는지 살피는 일을 합니다. (2)와 (3)에서 설명한 정당은 일반 국민도 가입해 활동할 수 있으며, 대통령이나 국회 의원, 지방 의회 의원 선거 등에 나갈 후보자를 추천하는 일을 합니다.

4　(1) ㉯의 세 번째 문단에서 국민이 정당에서 여는 강연회나 모임을 통해 정치를 배운다는 것을 알 수 있습니다.
　　(2) ⓛ 뒷부분의 예로 보아, 국회 의원들은 자신이 속한 정당의 목표에 따라 일한다는 것을 알 수 있습니다.

5　㉮와 ㉣의 '배출하다'는 '안에서 밖으로 밀어 내보내다.'라는 뜻이고 ㉯, ㉰, ㉲의 '배출하다'는 '훌륭한 인재가 잇따라 나오도록 하다.'라는 뜻입니다.

6　국회를 구성하는 국회 의원은 대부분 정당을 통해 배출됩니다. 그래서 국회 의원을 많이 배출한 정당일수록 나라를 다스리는 데 유리합니다. 따라서 정당과 국회는 서로 밀접한 관계에 있습니다.

자세하게

국회 의원

입법부이며 국민의 대표 기관인 국회의 구성원으로, 국민의 선거에 의해 선출되며 임기는 4년입니다. 국회 의원이 되려면 대한민국의 국민이어야 하며, 만 25세 이상이 되어야 합니다. 국회 의원에는 지역 대표와 비례 대표가 있습니다.

7　대통령을 배출한 여당의 국회 의원 수가 야당보다 적으면 국회에서 여당의 힘이 약해집니다. 그래서 대통령과 정부가 정책을 추진하는 데 어려움이 생길 수 있습니다.

1 (2) ○   **2** 대고   **3** 호기심   **4** ④   **5** 동훈
6 ③   **7** (1) 예 굶어 죽을까 (2) 예 숭고한

어휘력 강화   **1** (1) 얼기설기 (2) 소위 (3) 숭고

2 (1) ㉯ (2) ㉮   **3** 비가 오나 눈이 오나

1 이 글은 글쓴이가 실제 일본에서 있었던 이야기를 전해 들고 그에 대한 자신의 감상을 덧붙여 쓴 수필입니다.

2 ㉠은 문장의 내용으로 보아, '무엇을 덧대거나 뒤에 받치고.'라는 뜻의 '대고'로 고쳐 써야 합니다.

3 집주인은 도마뱀이 가엾기도 하고 도마뱀의 꼬리를 찍어 물고 있는 못이 궁금하기도 하여 못을 조사하였을 것입니다. 따라서 ㉡에는 호기심이 들어가기에 알맞습니다.

4 ㉢은 바로 앞부분의 내용인 도마뱀이 벽 속에 갇힌 채 꼼짝도 못 하고 십 년을 살아온 것을 가리킵니다.

5 벽에 갇힌 도마뱀에게 십 년간 먹이를 물어 나른 도마뱀의 이야기를 읽고 느낀 점을 알맞게 말한 친구는 동훈이입니다.

6 글쓴이는 꼬리가 못에 박혀 꼼짝 못 하는 도마뱀에게 십 년 동안이나 먹이를 물어 나른 또 한 마리 도마뱀의 이야기를 통해 진정한 사랑의 힘에 대해 말하고 있습니다.

7 (1) 십 년간 먹이를 물고 온 도마뱀의 마음을 상상하여 씁니다.
(2) 벽에 갇힌 도마뱀을 위해 먹이를 물어 나른 또 한 마리의 도마뱀에 대한 자신의 생각이나 느낌을 떠올려 씁니다.

어휘력 강화

1 (1) **얼기설기**: 엉성하고 조잡한 모양.

2 (1) 이미 있는 상태 그대로 있다는 뜻을 나타내는 말인 '채'는 앞말과 띄어 씁니다.
(2) '동안'의 뜻을 더하는 말인 '간'은 앞말과 붙여 씁니다.

3 • **씻은 듯이**: 아주 깨끗하게.
• **밑도 끝도 없다**: 앞뒤의 연관 관계가 없이 말을 불쑥 꺼내어 갑작스럽거나 갈피를 잡을 수 없다.
• **비가 오나 눈이 오나**: 아무리 어려움이 있어도 언제나 한결같이.

---

1 딸국질 → 딸꾹질   **2** (2) ○   **3** ①, ②, ③   **4** 기현
5 ㉮   **6** ⑤   **7** (3) ○

어휘력 강화   **1** (1) 판단하는 (2) 무의식적 (3) 반응

2 (3) ○   **3** ②, ③

2 ㉮에는 갑자기 일어나는 위험으로부터 우리 몸을 보호하는 무조건 반사와 관련 있는 내용인 (2)가 들어가기에 알맞습니다.

3 ㉯에서는 조건 반사와 무조건 반사의 공통점과 차이점을 설명했습니다. 특히 무조건 반사와 조건 반사의 차이점을 설명할 때에는 알맞은 예를 들어 가며 설명했습니다.

4 양파 껍질을 벗길 때 매워서 눈물이 나는 것은 경험이나 학습과 관련이 없으므로 무조건 반사에 해당합니다. 따라서 이를 조건 반사의 예로 바꾸어야 합니다.

5 글의 끝부분에서 조건 반사는 대뇌가 과거의 자극을 기억하고 있다가 반사하는 것이라고 하였으므로, 조건 반사는 대뇌와 관련이 있습니다.

6 이 글은 우리 몸이 외부의 자극에 대해 무조건 반사와 조건 반사를 한다는 사실을 전하고 있습니다.

7 아기는 흰옷을 입은 의사에게 주사를 맞을 때 아팠던 경험이 반복되어 조건 반사가 일어난 것입니다. 그래서 아기는 흰옷만 봐도 운 것입니다.

어휘력 강화

1 (1) **판단하다**: 사물을 인식하여 논리나 기준 등에 따라 판정을 내리다.
(2) **무의식적**: 자각이나 인식이 없는 상태에서 일어나는 것.
(3) **반응**: 자극에 대응하여 어떤 현상이 일어남. 또는 그 현상.

2 보기와 (3)의 '물리다'는 모두 '윗니와 아랫니 사이에 끼인 상태로 상처가 날 만큼 세게 눌리다.'라는 뜻으로 쓰였습니다.

3 ① **침을 뱉다**: 아주 치사스럽게 생각하거나 더럽게 여기어 돌아보지도 아니하고 멸시하다.
② **침을 삼키다**: 몹시 가지고 싶거나 먹고 싶어 하다.
③ **침을 흘리다**: 음식 따위를 몹시 먹고 싶어 하다.
④ **혀가 닳다**: 다른 사람이나 물건에 대하여 거듭해서 말하다.
⑤ **혀를 내밀다**: 남을 비웃거나 비방하다.

DAY

1 소아 강박증　**2** 동민　**3** 손을 너무 자주 씻거나 주변에 놓인 물건을 지나치게 정리하는 행동　**4** 갖고
5 (1) 원인　(2) 세로토닌 부족　(3) 간섭　**6** 예 소아 강박증을 그대로 두면 어떤 문제가 발생하나요?　**7** 아니야

어휘력 강화　**1** (1) 원만　(2) 질환　(3) 집착　**2** ⑤
　　　　　　3 (1) ○

1 이 글은 소아 강박증에 대해 알아보기 위해 명훈이와 지선이가 의사 선생님을 면담한 내용입니다.

2 면담을 할 때에는 면담 대상자에 대한 인사와 자기 소개를 한 후 면담에 응해 준 것에 대한 고마움을 전하고 면담의 목적이나 까닭을 말하는 것이 좋습니다. 하지만 명훈이는 면담의 목적이나 까닭을 말하지 않았습니다.

3 ⓒ에는 '손이나 몸 따위에 있게 하고.'라는 뜻의 '갖고'가 들어가기에 알맞습니다.

4 ㉮에서 의사 선생님은 소아 강박증의 원인으로 유전, 세로토닌 부족, 부모님의 지나친 간섭과 학습 부담을 들었습니다.

6 의사 선생님이 대답한 내용으로 보아, 지선이는 소아 강박증을 그대로 두었을 때의 문제점에 대해 물어보았음을 짐작할 수 있습니다.

7 소아 강박증은 아이가 불안을 없애기 위해 특정한 행동을 반복하게 되는 질환인데 라희는 지난 일요일에만 공중화장실을 가는 게 싫었던 것이므로 소아 강박증이 아닙니다.

어휘력 강화

2 ① 뿐: 다만 어떠하거나 어찌할 따름이라는 뜻을 나타내는 말.
　② 동안: 어느 한때에서 다른 한때까지 시간의 길이.
　③ 때문: 어떤 일의 원인이나 까닭.
　④ 만큼: 앞의 내용에 상당한 수량이나 정도임을 나타내는 말.
　⑤ 즈음: 일이 어찌 될 무렵.

3 빈칸 뒤에는 부모님이 아이의 일에 지나치게 간섭하면 아이에게 소아 강박증이 생길 수도 있다는 내용이 이어집니다. 따라서 빈칸에는 '과유불급(過 지날 과 猶 원숭이 유 不 아닐 불 及 미칠 급)'이 들어가기에 알맞습니다.

 DAY

1 (1) 문제　(2) 해결 방법　**2** ②　**3** ⓛ, ⓒ　**4** 만약
5 ④　**6** 주홍　**7** (2) ×　(6) ×

어휘력 강화　**1** (1) 악취　(2) 소포장　(3) 가공　**2** (1) 껍질
　　　　　　(2) 껍데기　(3) 껍질　**3** ④

1 글쓴이는 **1**문단에서 해결할 문제를 밝히고, **2**문단에서 문제에 대한 해결 방법을 제시했습니다.

2 온실가스 배출은 음식물 쓰레기 발생으로 인한 문제점입니다.

3 문제에 주어진 문장은 음식물 쓰레기 중 먹다 남긴 음식물이 꽤 많은 비중을 차지한다는 내용이므로, 음식을 먹을 때 실천할 점인 ⓛ, ⓒ과 관련이 있습니다.

4 ㉮에는 '남겼다면'과 서로 어울려 쓰이도록 '만약'이 들어가야 합니다.

5 글쓴이는 음식물 쓰레기의 증가 원인과 문제점을 밝히고 음식물 쓰레기를 줄이기 위한 방법을 제시하였습니다. 따라서 글쓴이의 주장으로 알맞은 것은 ④입니다.

6 이 글에는 음식물 쓰레기를 줄이기 위해 가정, 식당, 시장, 해당 관청 등에서 노력하고 있다는 내용이 나와 있지 않습니다.

7 (2)와 (6)은 오히려 음식물 쓰레기를 늘리는 방법입니다.

어휘력 강화

1 (1) **악취**: 나쁜 냄새.

2 • **껍질**: 물체의 겉을 싸고 있는 단단하지 않은 물질.
　• **껍데기**: 달걀이나 조개 따위의 겉을 싸고 있는 단단한 물질.

3 ① **국수 먹은 배**: 먹은 음식이 쉽게 꺼지는 경우를 비유적으로 이르는 말.
　② **금강산도 식후경**: 아무리 재미있는 일이라도 배가 불러야 흥이 나지 배가 고파서는 아무 일도 할 수 없음을 비유적으로 이르는 말.
　③ **혓바닥째 넘어간다**: 먹고 있는 음식이 아주 맛있다는 말.
　④ **입에서 신물이 난다**: 어떤 것이 극도의 싫증을 느낄 정도로 지긋지긋함을 비유적으로 이르는 말.
　⑤ **속에서 쪼르륵 소리가 난다**: 배 속이 비어 소리가 난다는 뜻으로, 배가 매우 고프다는 말.

1 (1) ○ (2) × (3) ○ (4) × **2** ④ **3** 다은, 상진
4 ㉡ **5** 부 **6** (1) ㉮ (2) ㉯ **7** (3) ×

1 (2) 글 **가** 와 **나** 모두 쥐를 중심 글감으로 쓴 글이지만, 쥐의 생김새를 자세히 나타내지는 않았습니다.
(4) 글 **나** 는 옛이야기를 예로 들어 쥐에 대한 조상들의 생각을 설명했지만, 예로 든 옛이야기에 쥐의 종류는 나타나지 않습니다.

2 글 **가** 에서 글쓴이는 쥐가 대낮에도 보란 듯이 다닌다고 했습니다.

3 글 **가** 는 집에 피해를 주는 쥐를 꾸짖는 내용의 글로, 주로 쥐가 잘못한 점을 드러내고 있습니다. 그리고 글의 마지막 문단에서 글쓴이는 계속해서 해로운 짓을 하면 고양이를 풀어놓겠다고 으름장을 놓으며 쥐에게 속히 떠나라고 했습니다.

4 ㉠ **쥐가 고양이를 만난 격**: 무서운 사람 앞에서 설설 기면서 꼼짝 못 한다는 말.
㉡ **생쥐 고양이한테 덤비는 격**: 이겨 낼 가망이 없을 뿐만 아니라 죽을지도 모르는데 덤벼드는 것을 비유적으로 이르는 말.
㉢ **쥐 꼬리는 송곳집으로나 쓰지**: 아무짝에도 쓸모가 없음을 비유적으로 이르는 말.

자세하게

쥐와 관련된 속담
• 쥐구멍에도 볕 들 날 있다: 몹시 고생을 하는 삶도 좋은 운수가 터질 날이 있다는 말.
• 쥐 잡으려다가 쌀독 깬다: 적은 이익이나마 얻으려고 한 일이 도리어 큰 손실을 입게 되었음을 비유적으로 이르는 말.

5 쥐를 따라간 곳에서 발견한 금항아리를 팔아 부를 누렸다는 이야기에서 쥐는 '부'를 상징합니다.

6 글 **가** 에서 글쓴이가 쥐들을 꾸짖고 자신의 집에서 떠나라고 한 것을 통해 주제가 ㉮임을 짐작할 수 있습니다. 또 글 **나** 의 첫 문단에 드러난 글쓴이의 생각을 통해 주제가 ㉯임을 알 수 있습니다.

7 빈칸 앞의 내용으로 보아 빈칸에는 (1), (2)처럼 쥐의 미래를 내다보는 능력, 즉 예지력과 관련 있는 내용이 들어가야 합니다.

1 해바라기씨 **2** (1) ○ (2) × (3) × (4) ○
3 참새, 청개구리 **4** ③ **5** ① **6** 세훈 **7** ②

어휘력 강화 **1** (1) 다져야 (2) 가만히 (3) 엿보다가
2 (1) 먹지 않는다 (2) 자지 않는다 **3** ①

1 이 시는 해바라기씨를 심고 돌보면서 있었던 일에 대해 표현했습니다.

2 (2) 감탄하는 말은 6연에 쓰인 '오오'뿐입니다.
(3) 이 시는 해바라기씨를 심고 돌보는 과정을 시간의 흐름에 따라 표현했습니다.

3 씨를 먹을 수 있는 '참새'는 해바라기씨가 새싹을 틔우는 데 방해가 되는 존재이며, '청개구리'는 해바라기씨가 어떻게 되었는지 엿보러 온 존재입니다.

4 글쓴이는 ㉡에서 햇빛이 사람처럼 입을 맞춘다고 표현했습니다. 이와 같은 방법으로 표현한 것은 바람이 사람처럼 손을 흔든다고 표현한 ③입니다.

5 해바라기씨를 심은 지 사흘이 지나도 싹이 돋지 않은 모습을 해바라기씨가 새색시처럼 부끄러워서 고개를 안 든다고 표현했습니다.

6 해바라기씨를 심는 일은 요즘 어린이도 경험해 볼 수 있습니다.

7 이 시에서는 해바라기씨를 심고 돌보는 존재들의 모습에서 정다움이 느껴집니다. 또 문제에 주어진 시에서는 빈 병과 놀아 주려는 바람의 모습에서 정다움이 느껴집니다.

어휘력 강화

1 (1) **다지다**: 누르거나 밟거나 쳐서 단단하게 하다.
(2) **가만히**: 움직임 따위가 그다지 드러나지 않을 만큼 조용하고 은은하게.
(3) **엿보다**: 남이 보이지 않는 곳에 숨거나 남이 알아차리지 못하게 하여 대상을 살펴보다.

2 '안'을 사용한 부정 표현은 '~지 않다' 또는 '~지 아니하다'로 바꾸어 쓸 수 있습니다.

3 ① **눈만 뜨면**: 깨어 있을 때면 항상.
② **다시 말하면**: 앞에서 말한 것을 풀어서 말하면.
③ **두말만 하면**: 조금이라도 다른 말을 한다면.
④ **바꿔 말하면**: 먼저 한 말을 다른 말로 하면.
⑤ **같은 값이면**: 값이나 힘이 드는 정도가 같을 바에는.

1 **2**, **3** 2 (1) 차별 (2) 차이 3 ③ 4 ④ 5 채령
6 (1) 차이 (2) 차별 7 (3) ○

어휘력 강화 1 (1) 대우 (2) 평판 (3) 구별 2 방식, 방법
3 (1) ○

1 글쓴이는 **2**문단과 **3**문단에서 차이와 차별의 뜻을 밝히고 예를 들어가며 자세히 설명했습니다.

2 여자가 전투기 조종사를 못 한다는 것은 남자와 여자를 차별하는 일입니다. 반면 놀이 기구를 탈 때 아이들의 키를 재는 것은 키가 작은 아이를 보호하기 위한 것으로 차이에 해당합니다.

3 ⓒ과 같이 '여럿 가운데에서 골라내다.'의 뜻으로 쓰인 것은 ③입니다.
① 길게 늘이어 솟구다.
② 원료나 재료로 길게 생긴 물건을 만들다.
④ 속에 있는 기체나 액체를 밖으로 나오게 하다.
⑤ 박힌 것을 잡아당기어 빼내다.

4 ⓒ에는 차별의 예를 설명하는 문장인 ④가 들어가기에 알맞습니다.

5 차별은 어떤 기준을 두어 대상을 구별하고 다르게 대우하는 것이므로, 자신을 자랑스러워하는 마음과는 상관없습니다. 따라서 채령이의 의견은 차별이 편견 때문에 나타난다는 것에 대한 생각으로 알맞지 않습니다.

6 글쓴이는 사람들이 서로의 차이를 이해하고 존중해 차별이 없어지기를 바라고 있습니다.

7 문제에 주어진 광고는 장애인도 비장애인과 똑같이 귀한 일꾼이므로 장애인에 대한 편견을 버리고 능력에 따라 일할 기회를 주어야 한다는 내용을 담고 있습니다.

어휘력 강화

1 (3) **구별하다**: 성질이나 종류에 따라 갈라놓다.

2 • **방식**: 일정한 방법이나 형식.
• **방법**: 어떤 일을 해 나가거나 목적을 이루기 위하여 취하는 수단이나 방식.

3 해연이는 용주에게 연철이의 입장이 되어 보라는 뜻으로 말했으므로, 해연이의 말에 어울리는 사자성어는 '역지사지(易 바꿀 역 地 땅 지 思 생각 사 之 갈 지)'입니다.

1 (1) **1** (2) **2**, **3**, **4** (3) **5** 2 (1) ㉠, ㉡, ㉣
(2) ㉢, ㉤ 3 영근 4 ④ 5 **4** 6 시시하다 →
중요하다 7 지유

어휘력 강화 1 (2) ○ (3) ○ 2 (1) 조각 (2) 톨
3 (1) ○

1 **1**문단은 견학 동기가 나타난 처음 부분입니다. 그리고 **2**, **3**, **4**문단은 견학한 곳에서 보고, 듣고, 생각한 것이 나타난 가운데 부분입니다. **5**문단은 견학한 후의 전체 감상이 나타난 끝부분입니다.

2 ㉠, ㉡, ㉣은 글쓴이가 한 일과 농업 박물관을 견학하면서 보거나 들어서 알게 된 사실을 쓴 부분이고, ㉢과 ㉤은 견학하면서 생각하거나 느낀 점을 쓴 부분입니다.

3 ㉮는 농기구를 하나씩 나열한 것으로, 쓰임에 따라 분류하면 좀 더 이해하기 쉽습니다.

4 ① 돌+낫 → 돌낫
② 논+밭 → 논밭
③ 거름+통 → 거름통
⑤ 울음+소리 → 울음소리

5 문제에 주어진 글은 글쓴이가 벼가 쌀이 되는 과정에 대해 알게 되었다는 내용입니다. 따라서 **4**문단에 들어갈 내용으로 알맞습니다.

6 글쓴이는 평소 농업을 시시하다고 여겼으나, 농업 박물관을 견학한 후 농업이 중요한 산업임을 깨달았습니다.

7 농업 홍보관에서는 수확한 벼가 쌀이 되기까지의 과정, 쌀 관련 친환경 농사법, 미래 농업의 모습 등을 소개하고 있다고 하였습니다.

어휘력 강화

1 (1) **견학**: 실지로 보고 그 일에 관한 구체적인 지식을 넓힘.
(2) **농가**: 농가를 본업으로 하는 사람의 집. 또는 그런 가정.
(3) **재현하다**: 다시 나타나다. 또는 다시 나타내다.

2 (1) **조각**: 떼어 내거나 떨어져 나온 부분을 세는 단위.
(2) **톨**: 밤이나 곡식의 낱알을 세는 단위.

3 문제에 주어진 문장은 가족이 여러 가지 감정을 함께 겪으며 서로를 더 잘 이해하게 된다는 내용이므로, 빈칸에 '희로애락(喜 기쁠 희 怒 성낼 로 哀 슬플 애 樂 즐길 락)'이 들어가야 알맞습니다.

1 (1) ○ (2) × (3) ○ **2** 도우 **3** ⑤ **4** 지진, 지진해일, 태풍 **5** ㉯ **6** ④ **7** ㉰

어휘력 강화 **1** (1) 치명적 (2) 폐허 (3) 반영 **2** (1) 넘어 (2) 너머 **3** (1) ○

1 (2) 마지막 문단에서 2020년에 두 차례 불어닥친 태풍 때문에 우리나라 원자력 발전소의 일부가 멈추는 사고가 일어났다고 했습니다.

2 ㉠은 체르노빌과 후쿠시마 원자력 발전소 사고를 예로 들어 가며 원자력 발전소의 위험성을 밝힌 부분입니다. 여기에 방사능 물질이 사람에게 어떤 병을 일으키는지에 대해서 자세히 설명하는 문장이 들어가면 더욱 설득력을 가질 수 있습니다.

3 ㉡에서 근거를 뒷받침하는 내용으로 ○○ 대학교 △△△ 교수의 말을 인용하였습니다.

4 '자연 재해'란 태풍, 가뭄, 홍수, 지진, 화산 폭발, 해일 등 피할 수 없는 자연 현상 때문에 일어나는 재해를 뜻합니다.

5 원자력 발전소의 장점을 반박하는 내용이나 원자력 발전소의 단점에 해당하는 ㉯가 원자력 발전소를 줄여 나가야 한다는 글쓴이의 주장을 뒷받침할 근거로 알맞습니다.

6 글쓴이의 주장에 어울리는 ④가 이 글의 제목으로 알맞습니다.

7 ㉰는 사고가 일어났을 때 피해 규모가 더 커질 수 있다는 점에서 원자력 발전소의 위험성을 보여 주는 근거입니다. 따라서 ㉰는 글쓴이의 주장에 알맞은 근거입니다.

어휘력 강화

2 (1) **넘다**: 일정한 시간, 시기, 범위 따위에서 벗어나 지나다.
(2) **너머**: 높이나 경계로 가로막은 사물의 저쪽. 또는 그 공간.

3 체르노빌과 후쿠시마 원자력 발전소 사고를 본보기로 삼는다는 내용에 어울리는 사자성어는 '복거지계(覆 다시 복 車 수레 거 之 갈 지 戒 경계할 계)'입니다.

---

1 (3) ○ **2** 4연 **3** ①, ③ **4** (1) 「만구 아저씨가 잃어버렸던 돈지갑」 (2) 「중달이 아저씨네」 **5** 구불구불한 산길, 빨간 기와 **6** 통일에 대한 염원(통일) **7** (1) 5연 22행 (2) (깃이 하얀) 비둘기 (3) 평화 (4) 예 희망(소망, 바람, 기원)

1 글쓴이는 『바닷가 아이들』에 나오는 15편의 동화를 전쟁을 소재로 한 동화, 가난한 사람들의 삶을 생생하게 전하는 동화, 재미와 웃음을 주는 동화 등 소재가 비슷하거나 같은 동화끼리 묶어서 소개했습니다.

2 시 **나**의 4연에 남과 북으로 나뉘어 있어서 편지가 배달되지 못하는 상황이 나타나 있습니다.

3 ㉡에는 전쟁을 소재로 한 동화나 재미와 웃음을 주는 동화와 관련한 의문이 들어가야 합니다.

자세하게

『바닷가 아이들』
이 책은 권정생 작가의 대표적인 동화 15편을 3부로 구성해 담은 것으로, 우리 민족의 가장 큰 상처인 전쟁의 고통과 함께 평화에 대한 염원을 담은 작품들이 비중 있게 실려 있습니다.

4 글쓴이가 소개한 동화 중 도깨비가 벌이는 소동이 나오는 동화는 「만구 아저씨가 잃어버렸던 돈지갑」이고, 나눔을 실천하는 인물이 나오는 동화는 「중달이 아저씨네」입니다.

5 ㉢은 비둘기의 깃을 눈으로 보듯이 표현했습니다. 문제에 주어진 글에서 ㉢과 같은 감각적인 표현을 사용한 부분은 '구불구불한 산길'과 '빨간 기와'입니다.

6 시 **나**에서 말하는 이는 남과 북으로 나뉘어 있어 배달되지 못하는 편지를 통해 통일을 바라는 마음을 노래했습니다.

7 시 「편지」는 5연 22행으로 짜여 있으며, 말하는 이는 편지를 평화의 상징인 흰 비둘기에 빗대어 표현하였습니다. 그리고 5연에서 분단을 극복하고 언젠가는 하나의 민족이 되리라는 의지와 희망을 드러내었습니다.

1 (3) ○　**2** ②　**3** 곰곰이　**4** ④　**5** ⑤　**6** ②
7 (1) 예 채원　(2) 예 영훈이가 잃어버렸던 샤프도 누가 가져간 것이라고 확실히 말할 수 없기

어휘력 강화　**1** (1) 핵심　(2) 단서　(3) 추리　**2** (1) 신체
　　　　(2) 학용품　**3** (2) ○

1 (1) 사건이 일어난 장소는 교실입니다.
　(3) 사건은 다음의 차례대로 정리할 수 있습니다.
　　어제 윤아가 열쇠고리를 선물 받음. → 2교시 쉬는 시간에 영훈이가 샤프를 잃어버린 것을 윤아가 알게 됨. → 4교시 쉬는 시간에 민준이와 찬우가 윤아 쪽으로 넘어짐. → 수업이 끝난 후, 윤아가 열쇠고리가 없어진 것을 알게 됨. → 지민이와 규리가 열쇠고리를 찾아 줌.

2 이 글에서 중심이 되는 사건은 윤아가 열쇠고리를 잃어버린 일입니다.

4 지민이의 말에 어울리는 행동은 ④입니다.

5 지민이의 설명을 듣고 윤아는 친구들을 의심한 자신이 부끄럽게 느껴졌다는 것에서 ㉢에 들어갈 말을 짐작할 수 있습니다.

6 윤아가 열쇠고리를 잃어버렸다가 찾는 과정을 통해 글쓴이는 남을 섣불리 의심하지 말자고 말하고 있습니다.

7 반 친구들 중 누군가가 열쇠고리를 가져갔을 것이라고 의심했던 윤아의 태도에 대해 어떻게 생각하는지 정리해 보고 채원이와 성빈이 중 누구의 생각과 비슷한지 파악해 봅니다.

어휘력 강화

1 (1) **핵심**: 사물의 가장 중심이 되는 부분.
　(3) **추리**: 알고 있는 것을 바탕으로 알지 못하는 것을 미루어서 생각함.

2 (1) '눈, 손, 입, 발, 팔, 고개'는 모두 사람의 몸, 즉 신체에 포함되는 말입니다.
　(2) '책가방, 샤프, 수첩, 연필, 공책'은 모두 학습에 필요한 물품, 즉 '학용품'에 포함되는 말입니다.

3 하필이면 영훈이의 샤프가 없어진 날, 윤아의 열쇠고리도 없어졌다는 내용과 관련 있는 속담은 '까마귀 날자 배 떨어진다'입니다.

1 ⑤　**2** ㉣　**3** (2) ○　**4** 면역　**5** 붙여졌다고
6 (1) 바이러스가 → 페스트균이(세균이)　(2) 세균이 → 천연두 바이러스가　(3) 스페인이 → 아스테카 왕국이
7 (2) ○

어휘력 강화　**1** (1) 감염되지　(2) 멸망하는　(3) 원주민
　　　　2 (1) 썩다　(2) 맞다　**3** (1) ○

2 ❷~❹문단은 모두 감염병의 감염 원인과 피해 상황 그리고 감염병이 인류의 역사에 어떤 영향을 끼쳤는지 차례대로 설명했습니다.

3 ㉠에는 봉건제 사회였던 유럽에서 수많은 농민이 죽어 일할 사람이 갑자기 줄어었기 때문에 일어난 일에 해당하는 (2)가 들어가기에 알맞습니다.

4 우리 몸은 세균이나 바이러스 등이 몸속에 들어오면 그것에 대항하는 물질, 즉 항체를 만들어 세균이나 바이러스 등을 죽여서 다음에는 그 병에 걸리지 않도록 하는데, 이를 '면역'이라고 합니다.

5 • **부치다**: 편지나 물건 따위를 일정한 수단이나 방법을 써서 상대에게로 보내다.
　• **붙이다**: 이름이 생기게 하다.

6 (1) 페스트는 페스트균이 일으키는 병입니다.
　(2) 천연두는 천연두 바이러스가 일으키는 병입니다.
　(3) 천연두 때문에 멸망한 나라는 아스테카 왕국입니다.

7 문제에 주어진 글에서 글쓴이는 역사 속에서 감염병이 긍정적인 영향을 끼친 것을 근거로 들어 가며 우리가 하나 되어 지혜를 모은다면 코로나 19도 더 나은 세상을 만드는 기회로 만들 수 있다고 했습니다.

어휘력 강화

1 (1) **감염되다**: 병균이 식물이나 동물의 몸 안으로 들어가 퍼지다.
　(2) **멸망하다**: 망하여 없어지다.

2 낱말의 기본형은 낱말에서 모양이 바뀌지 않는 부분에 '-다'를 붙여 만듭니다.

3 문제에 주어진 문장은 강물이 넘쳐 집과 논밭을 덮치지만 어찌할 도리가 없어 바라볼 수밖에 없었다는 내용입니다. 따라서 빈칸에 들어갈 사자성어로는 '속수무책(束 묶을 속 手 손 수 無 없을 무 策 꾀 책)'이 알맞습니다.

1 (1) **1** (2) **2**, **3**, **4** (3) **5**, **6**, **7**　2 ①, ②, ⑤

3 (1) 부분 일식 (2) 개기 월식 (3) 금환 일식　4 ⑤

5 소미　6 (3) ○　7 (2) ○ (3) ○

어휘력 강화　1 (1) 최근 (2) 일직선 (3) 관측　2 (1) ㉯

　　(2) ㉮　3 ③

1 이 글은 설명 대상을 소개한 **1**문단, 일식에 대해 설명한 **2**~**4**문단, 월식에 대해 설명한 **5**~**7**문단으로 나눌 수 있습니다.

2 ㉠과 같이 '보이거나 통하지 못하도록 막다.'의 뜻으로 쓰인 것은 ①, ②, ⑤입니다.

3 일식의 종류를 설명한 **3**문단과 월식의 종류를 설명한 **6**문단을 다시 읽어 보고 주어진 설명에 해당하는 일식과 월식의 종류를 찾아 씁니다.

4 문제에 주어진 글은 개기 월식 때 달이 붉게 보이는 까닭이므로, **6**문단의 끝부분에 들어가는 것이 알맞습니다.

5 일식은 월식보다 관측할 수 있는 곳이 극히 적어 사람들은 월식보다 일식을 더 신기해할 것입니다.

7 (2) 재앙을 막기 위해 해나 달이 다시 나올 때까지 기도한 것으로 보아, 옛사람들은 일식과 월식을 불길한 일이 일어날 징조로 생각했음을 알 수 있습니다.

　(3) 세종의 예로 보아, 옛사람들은 일식과 월식이 임금의 덕이 부족해 일어난다고 생각했음을 알 수 있습니다.

어휘력 강화

1 (1) **최근**: 얼마 되지 않은 지나간 날부터 현재 또는 바로 직전까지의 기간.

2 (1) '수'는 다른 낱말과 함께 쓰되 띄어 써야 합니다.

　(2) '시키다'는 앞 낱말과 붙여 씁니다.

3 ① **뜬구름을 잡다**: 막연하거나 허황된 것을 좇다.

　② **나 몰라라 하다**: 어떤 일에 무관심한 태도로 상관하지도 아니하고 간섭하지도 아니하다.

　③ **손꼽아 기다리다**: 기대에 차 있거나 안타까운 마음으로 날짜를 꼽으며 기다리다.

　④ **호흡을 같이하다**: 상대의 의향이나 생각을 잘 알고 그와 보조를 같이하다.

　⑤ **판에 박은 듯하다**: 사물의 모양이 같거나 똑같은 일이 되풀이되다.

1 (2) ○　2 다해　3 산소가 물속에 녹아 들어갈 수 없게 하고 햇빛을 차단해 하천의 자정 능력을 떨어뜨린다.

4 (1) 그러므로 (2) 그리고　5 (1) 가정 (2) 수질 오염

6 ㉯　7 예 물을 아껴 쓰자.(바닷물을 우리가 사용할 수 있는 물로 만드는 기술을 개발하자.)

어휘력 강화　1 (1) 차단 (2) 축사 (3) 기형　2 (1) 설거지

　　(2) 찌꺼기　3 (2) ○

1 ㉮는 글쓴이가 각 가정에서 수질 오염을 막기 위해 실천해야 하는 일을 제시한 부분입니다.

2 ㉠은 오염된 물 때문에 생기는 결과이므로, '오염된 물은 생태계에도 큰 영향을 미친다.'는 내용을 뒷받침하는 예로 적절합니다. 하지만 ㉡은 공기 오염이 생태계에 미치는 영향이므로, 적절하지 않습니다.

4 (1) ㉣에는 앞의 내용이 뒤의 내용의 이유나 원인, 근거가 될 때 쓰는 이어 주는 말인 '그러므로'가 들어가기에 알맞습니다.

　(2) ㉤에는 비슷한 내용을 이어 주는 말인 '그리고'가 들어가기에 알맞습니다.

6 집에서 목욕과 빨래를 하지 말자는 것은 실천할 수 없는 일이므로, ㉮는 글쓴이의 주장에 대한 근거로 알맞지 않습니다. 또한 ㉰는 가정이 아닌 정부에서 실천할 일이므로, 글쓴이의 주장에 대한 근거로 알맞지 않습니다.

7 문제에 주어진 글과 자료는 우리가 사용할 수 있는 물의 양이 매우 적다는 것을 보여 줍니다. 따라서 '물을 아껴 쓰자.' 또는 '바닷물을 우리가 사용할 수 있는 물로 만드는 기술을 개발하자.'와 같은 주장을 할 수 있습니다.

어휘력 강화

1 (1) **차단**: 액체나 기체 따위의 흐름 또는 통로를 막거나 끊어서 통하지 못하게 함.

3 (1) **하나를 보고 열을 안다**: 일부만 보고 전체를 미루어 안다는 말.

　(2) **손이 많으면 일도 쉽다**: 무슨 일이나 여러 사람이 같이 힘을 합하면 쉽게 잘 이룰 수 있다.

　(3) **사공이 많으면 배가 산으로 간다**: 여러 사람이 저마다 제 주장대로 배를 몰려고 하면 결국에는 배가 물로 못 가고 산으로 올라간다는 뜻으로, 주관하는 사람 없이 여러 사람이 자기주장만 내세우면 일이 제대로 되기 어려움을 비유적으로 이르는 말.

1 ③　**2** ④　**3** ⑤　**4** (1) ㉰ (2) ㉮, ㉯, ㉱　**5** ④
6 (3) ○　**7** 세희, 용준

1 글 **가** 는 성덕 대왕 신종과 관련하여 전해 내려오는 전설을 쓴 것으로, 객관적 사실을 전달하는 글이 아닙니다.

2 ① 성덕 대왕 신종은 경덕왕 때 만들기 시작해 혜공왕 때 완성되었습니다.
② 맥놀이 현상은 두 개의 소리가 맥박처럼 커졌다 작아졌다 하는 현상입니다.
③ 성덕 대왕 신종은 종소리 때문에 '에밀레종'이라고도 불립니다.
⑤ 종의 구조 중 높은 소리는 종 밖으로 내보내고 낮은 소리만 종 안에 가두는 장치는 음관입니다.

3 종 만드는 일에 발 벗고 나서서 열심히 시주를 받으러 다닌 것, 종을 만드는 일이 계속 실패하자 초조해하는 것을 통해 주지 스님의 책임감 강한 성격을 알 수 있습니다.

4 글 **가** 에는 내용의 이해를 돕는 ㉰ 그림이, 글 **나** 에는 종소리를 내는 각 부분을 알 수 있는 사진과 맥놀이 현상과 관련된 도표, 동영상 자료가 어울립니다.

5 문제에 주어진 내용은 성덕 대왕 신종에서 맥놀이 현상을 생기게 하는 쇳덩어리들에 대한 내용이므로, **4** 문단의 뒤에 들어가야 합니다.

6 '비–'는 '아님'의 뜻을 더하는 말로, (3)에 들어가기에 알맞습니다. (1)과 (2)의 빈칸에는 '불–'이 들어가기에 알맞습니다.

자세하게

파생어
더 작은 부분으로 나눌 수 없는 단일어에 혼자 쓰일 수 없는 말을 합쳐서 만든 낱말입니다.
• '이유 없는, 보람 없는.'이라는 뜻을 더하는 말인 '헛–'이 붙은 파생어: 헛수고, 헛소문, 헛돌다
• '그것이 심하거나 많은 사람.'의 뜻을 더하는 말인 '–꾸러기'가 붙은 파생어: 잠꾸러기, 심술꾸러기, 장난꾸러기

7 세희는 글 **가** 에서 인물이 한 행동에 대해 알맞게 평가했습니다. 또 용준이는 글 **나** 의 성덕 대왕 신종의 종소리에서 맥놀이 현상의 원인이 되는 종에서 비대칭을 이루는 부분을 정확히 밝힌 것이 적절해 보인다며 생각을 알맞게 말했습니다.

1 ㉱　**2** (1) 밥 짓는 냄새 (2) (밥티처럼) 따스한 별들이
3 (3) ○　**4** ③　**5** ④　**6** 문정　**7** (1) 예 정답게
(2) 예 집들이 옹기종기 모여 있다 (3) 예 낮은 산 아래

어휘력 강화　**1** (1) 순해서 (2) 짓고 (3) 따스한
2 ①, ④　**3** (1) ○

1 1연의 1행 "사람들이 착하게 사는지 별들이 많이 떴다."와 2연 "사람이 순하게 사는지 별들이 참 많이 떴다."가 비슷합니다.

2 1연 4행의 '밥 짓는 냄새'는 코로 냄새를 맡는 것처럼 표현한 부분이고, 1연 6행의 '따스한 별들'은 손으로 만지는 것처럼 표현한 부분입니다.

3 ㉠은 물바가지로 물을 떠 담을 때 접동새 울음소리가 들리고 별 그림자가 어른거린 모습을 시적으로 표현한 부분입니다.

4 1연 6행의 '마을을 지난다.'라는 부분을 통해 말하는 이가 마을을 지나고 있음을 알 수 있습니다.

5 평화롭고 순박한 시골 마을을 바라볼 때 느끼는 정겨움에 대해 노래한 시입니다.

6 이 시에서 자신의 소망을 별에 빗대어 표현하지는 않았습니다.

7 내가 사는 마을이나 살고 싶은 마을의 모습을 떠올려 사람들이 어떻게 사는지 생각해 봅니다. 그리고 그 마을의 모습과 그 마을이 있는 곳을 상상하며 씁니다.

어휘력 강화

1 (2) **짓다**: 재료를 들여 밥, 옷, 집 따위를 만들다.
(3) **따스하다**: 표정이나 마음이 다정하다.

2 ㅇ보기ㅇ에 나온 '뜨다'처럼 '물속이나 지면 따위에서 가라앉거나 내려앉지 않고 물 위나 공중에 있거나 위쪽으로 솟아오르다.'의 뜻으로 쓰인 것은 ①과 ④입니다.
② 어떤 곳에 담겨 있는 물건을 퍼내거나 덜어 내다.
③ 실 따위로 코를 얽어서 무엇을 만들다.
⑤ 감았던 눈을 벌리다.

3 문제에 주어진 문장은 사람들이 밤하늘의 별만큼 많이 모였다는 내용이므로, 빈칸에 들어갈 사자성어로는 '부지기수(不 아닐 부 知 알 지 其 그 기 數 셀 수)'가 알맞습니다.

1 ㉮　　**2** 이처럼 사람의 욕구는 끝이 없는데 이를 충족할 수 있는 돈, 시간, 자원은 한정되어 있는 것을 '자원의 희소성'이라고 해요.　　**3** (1) ○　(3) ○　　**4** ④
5 ①, ②, ③　　**6** 경호　　**7** (3) ○

어휘력 강화　　**1** (1) 지불　(2) 한정　(3) 취향　　**2** ②
3 (2) ○

1 이 글에서는 구체적인 예를 들어 가며 자원의 희소성의 특징에 대해 설명하였습니다.

2 ❶문단의 마지막 문장이 중심 문장입니다.

3 '화수분'은 재물이 계속 나오는 보물단지를 뜻하므로, (2)처럼 무엇인가 사라진 상황에는 어울리지 않습니다.

4 ㉡에는 ㉡ 앞에 나온 후추의 예로 알 수 있는 점이 들어가야 합니다. ㉡ 앞에 나온 후추의 예를 통해 똑같은 자원이라도 자원의 희소성이 시대와 장소에 따라 달라진다는 것을 알 수 있습니다.

5 ❶문단에 '자원의 희소성'의 뜻이, ❷문단과 ❸문단에 '자원의 희소성'의 특징이, ❺문단에 선택을 잘하는 방법이 나와 있습니다.

6 동찬이의 말처럼 모든 사람이 무조건 싼 것을 선택하지는 않습니다. 또한 한나처럼 자신의 취향이 아닌 인기 있는 것을 선택하는 것도 바람직한 선택이 아닙니다.

7 망고와 바나나의 양이 많으냐 적으냐에 따라 자원의 희소성이 결정되는 것이 아니라 섬 주민들의 필요나 욕구에 따라 결정되는 것이므로, 질문에 알맞게 대답한 친구는 은결이입니다.

어휘력 강화

1 (1) **지불하다**: 돈을 내어 주다. 또는 값을 치르다.
　(2) **한정되다**: 수량이나 범위 따위가 제한되어 정해지다.

2 ②는 뜻이 비슷한 낱말끼리 짝 지어진 것이고, 나머지는 뜻이 반대되는 낱말끼리 짝 지어진 것입니다.

3 어머니의 말은 가격이 모두 똑같다면 품질이 좋은 것을 선택하면 된다는 내용이므로, 빈칸에는 '같은 값이면 다홍치마'라는 속담이 들어가기에 알맞습니다.

---

1 (1) ㉯　(2) ㉮　　**2** 다툼, 대립, 충돌　　**3** 칡과 등나무 같은 덩굴 식물은 줄기의 한쪽이 물체에 닿으면 다른 쪽 줄기의 생장 속도가 빨라진다.　　**4** ③　　**5** (1) 의　(2) 사
(3) 의　(4) 사　　**6** ④　　**7** 예 마을 사람들이 모여 해마다 다른 색깔의 장미를 심자고 정한다.

어휘력 강화　　**1** (2) ✕　　**2** 밥　　**3** (3) ○

1 ㉮는 집단과 집단 간의 갈등이고, ㉯는 개인과 개인 간의 갈등이며, ㉰는 개인적 갈등에 해당합니다.

2 ❹문단에서 '갈등'은 개인이나 집단 사이에 생각, 처지, 목표 등이 달라 서로 부딪치는 상태를 뜻한다고 했습니다. 따라서 '다툼', '대립', '충돌'과 바꾸어 쓸 수 있습니다.

3 ❹문단의 중심 문장은 '이 모습에서 유래한 ~ 상태를 뜻한다.'입니다. 그러나 ❹문단의 마지막 문장은 중심 문장과 관련 없는 내용이므로 삭제해야 합니다.

4 글의 흐름상 갈등의 뜻을 설명한 ❹문단이 ❶문단의 뒤에 오는 것이 알맞습니다.

5 (1)과 (3)은 갈등에 대한 글쓴이의 생각이므로 의견에 해당하고, (2)와 (4)는 설문 조사 결과와 갈등의 종류에 대한 사실에 해당합니다.

7 갈등은 한 편이 다른 편에게 양보하기, 한 편이 다른 편을 힘으로 눌러서 해결하기, 두 편이 조금씩 서로 양보하기, 두 편의 주장이 모두 실현되도록 해결하기, 다른 사람의 도움 받기와 같은 여러 가지 방법으로 해결할 수 있습니다. 좋아하는 장미 색깔이 달라서 마을 사람들 사이에 일어난 갈등은 어떻게 해결하면 좋을지 써 봅니다.

어휘력 강화

2 '주먹밥'은 '주먹'과 '밥'이, '비빔밥'은 '비빔'과 '밥'이, '국밥'은 '국'과 '밥'이 합쳐져서 만들어진 낱말입니다.

3 수아가 언니와 갈등을 겪고 나서 사이가 더 좋아졌다는 내용이므로, 주어진 상황에 어울리는 속담은 '비 온 뒤에 땅이 굳어진다'입니다.

1 ②, ④ 2 (1) × (2) × (3) ○ (4) ○ 3 ㉕
4 (1) 갖고 (2) 나눠 5 은비 6 ③ 7 (3) ×

어휘력 강화 1 (1) 호소 (2) 인색 (3) 특권 2 만났다

3 (1) ○

1 이 글은 세번 컬리스 스즈키가 1992년 브라질 리우데자네이루에서 열린 유엔 환경 회의에서 연설한 내용 중 일부입니다. 연설문을 읽을 때에는 ②, ④와 같은 방법으로 읽어야 합니다.

2 (1) 세번 컬리스 스즈키는 아이들에게 가르치는 것과 다르게 행동하는 어른들의 잘못을 지적했습니다.
(2) 부자가 되어서 거리의 아이들을 돕고 싶어 하는 사람은 브라질의 거리에 사는 한 아이입니다.

3 ㉠에는 앞의 내용인 가난한 사람들과 나누려 하지 않는다는 것과 관련 있는 ㉕가 들어가야 합니다.

5 세번 컬리스 스즈키가 ㉣처럼 말한 것은 세계적인 문제를 가족의 관점에서 바라보고 연설을 듣는 어른들이 부모의 마음으로 적극적으로 해결해 주기를 바라기 때문입니다.

6 세번 컬리스 스즈키는 부자인 사람들이 가난한 사람들과 나누려 하지 않는 것과 브라질의 한 거리에 사는 아이의 예를 들어가면서 어른들에게 빈곤 문제 해결에 적극적으로 나서 달라고 부탁했습니다.

7 선생님은 가난한 아프리카 사람들에게 구호품을 주는 것보다 스스로 일어서는 방법을 가르쳐 주는 것이 더 바람직하다고 하였습니다. 따라서 더 많은 돈과 물품을 빈곤한 나라에 무료로 주어야 한다는 내용의 (3)은 선생님의 말을 듣고 떠올린 해결 방법으로 알맞지 않습니다.

어휘력 강화

1 (1) **호소하다**: 억울하거나 딱한 사정을 남에게 간곡히 알리다.
(2) **인색하다**: 재물을 아끼는 태도가 몹시 지나치다.
(3) **특권**: 특별한 권리.

2 '만날 것이다'는 미래를 나타내는 말입니다. '이틀 전'은 과거이므로, '만날 것이다'를 '만났다'로 고쳐 써야 합니다.

3 자신이 말한대로 행동하시는 할머니의 모습과 관련 있는 사자성어는 '언행일치(言 말씀 언 行 다닐 행 ─ 한 일 致 이를 치)'입니다.

1 ③ 2 (1) ㉴, ㉣ (2) ㉮, ㉲ 3 **나** 4 (2) ○
5 (2) ○ 6 ③ 7 민규

1 **가**와 **나**는 우리나라에 난민을 받아들이는 문제를 두고 각각 찬성과 반대 의견을 밝힌 글입니다.

2 글 **가**의 글쓴이는 ㉴, ㉣와 도덕적으로 바른 행동이기 때문이라는 근거를 들어 우리나라는 난민을 받아들여야 한다고 주장하였습니다. 반면 글 **나**의 글쓴이는 ㉮, ㉲와 난민 지위를 악용하는 사람이 있다는 근거를 들어 우리나라에 난민을 함부로 받아들여서는 안 된다고 주장하였습니다.

3 문제에 주어진 글에는 난민이 발생한 지역에 분쟁을 일으키고 그 과정에서 수익을 올리고 있는 나라들이 난민 문제를 책임져야 한다는 주장이 담겨 있습니다. 이는 글 **나**와 같은 의견입니다.

4 글 **가**는 '서론-본론'의 짜임으로만 이루어져 있습니다. 따라서 글 **가**의 끝부분에는 앞서 설명한 내용을 요약하고 주장을 다시 한번 강조하는 내용으로 알맞은 (2)가 들어가기에 알맞습니다.

자세하게

주장하는 글의 짜임
주장하는 글은 일반적으로 '서론-본론-결론'으로 짜여 있습니다. 각 단계에 들어가는 내용은 다음과 같습니다.

서론	글을 쓰게 된 문제 상황과 글쓴이의 주장이 들어감.
본론	글쓴이의 주장을 뒷받침할 수 있는 근거가 들어감.
결론	글의 내용을 요약하고 주장을 다시 한번 강조하는 내용이 들어감.

5 문제에 주어진 글은 시리아 난민 어린이들의 불쌍한 죽음을 다룬 신문 기사입니다. 글 **가**의 글쓴이는 우리나라에 난민을 받아들이는 문제에 대해 찬성하는 입장이므로, (2)와 같은 반응을 보였을 것입니다.

6 '권리'는 '의무'와 반대되는 의미이므로, 바꾸어 쓸 수 없습니다.

7 모든 난민이 테러를 일으키거나 범죄를 저지를 것이라고 생각하는 것은 편견입니다. 따라서 **3**문단에서 제시한 근거는 적절하지 않습니다.

32쪽

❶생	❷산			
	❸지	조		❹면
			❺폭	발	적
❻하	❼천			
	대		❽유	❾기	농
			품	

(32쪽)
- ❶생 ❷산 / ❸지 조 / ❹면 / ❺폭 발 적 / ❻하 ❼천 / 대 / ❽유 ❾기 농 / 품

56쪽

❶배	❷출			❸바
	몰		❹분	야
		❺국		흐
❻청	문	회		로
진		❼상	술	
기		품		

80쪽

❶소	위		❸손	
포		❹질	환	
❷장	사			❽얼
	❺반	❻응		기
❼가	공	징		설
구			❾초	기

104쪽

❶조	❷종	사	❸농	가
	교		업	
❹대	장	간	❺염	❻원
우		❼구		자
	❽차	별		핵

128쪽

❶속	❷수	무	책	
	첩		❸독	❹감
		❺국		염
❼일	식		❻보	시
직		❽차		
선		❾단	서	

152쪽

❶화	❷수	분		❸갈	❹등
	입		❺생		한
		❻위	장		시
❼한	정			
쪽		❽시		
	❾언	행	일	치

기적의 학습서
오늘도 한 뼘 자랐습니다.

기적의 공부방에서 함께 공부해요!

길벗스쿨 공식 카페 〈기적의 공부방〉
http://cafe.naver.com/gilbutschool

★지금 가입하면 누릴 수 있는 3가지!

1 꾸준한 학습이 가능해요!

- 스케줄 관리를 통해 책 한 권을 끝낼 수 있는 **학습단**에 참여해 보세요!
- 도서 관련 **학습 자료**와 **선배 엄마들의 노하우**를 확인할 수 있어요!
- 궁금한 것이 있다면 **Q&A 서비스**를 통해 카페지기와 선배 엄마들의 답변을 들을 수 있어요!

2 책 기획 과정에 참여해요!

- **독자기획단**을 통해 전문 편집자와 함께 아이템 선정부터 책의 목차, 책의 구성 등을 함께 만들어가요!
- 출간 전 도서를 체험해 보는 **베타테스트**를 통해 도서의 장/단점을 파악하여 더 나은 도서를 만드는 데 기여해요!

3 재미와 선물이 팡팡 터져요!

- 매일 새로운 주제로 엄마들과 **댓글 이야기**를 나누고 간식도 받아요!
- 매주 카페 **활동왕**을 선정하여 푸짐한 상품을 드려요!
- 사진 콘테스트 등 매번 색다른 **친목 이벤트**로 재미와 선물을 동시에 잡아요!

기적의 공부방은 엄마표 학습을 응원합니다!